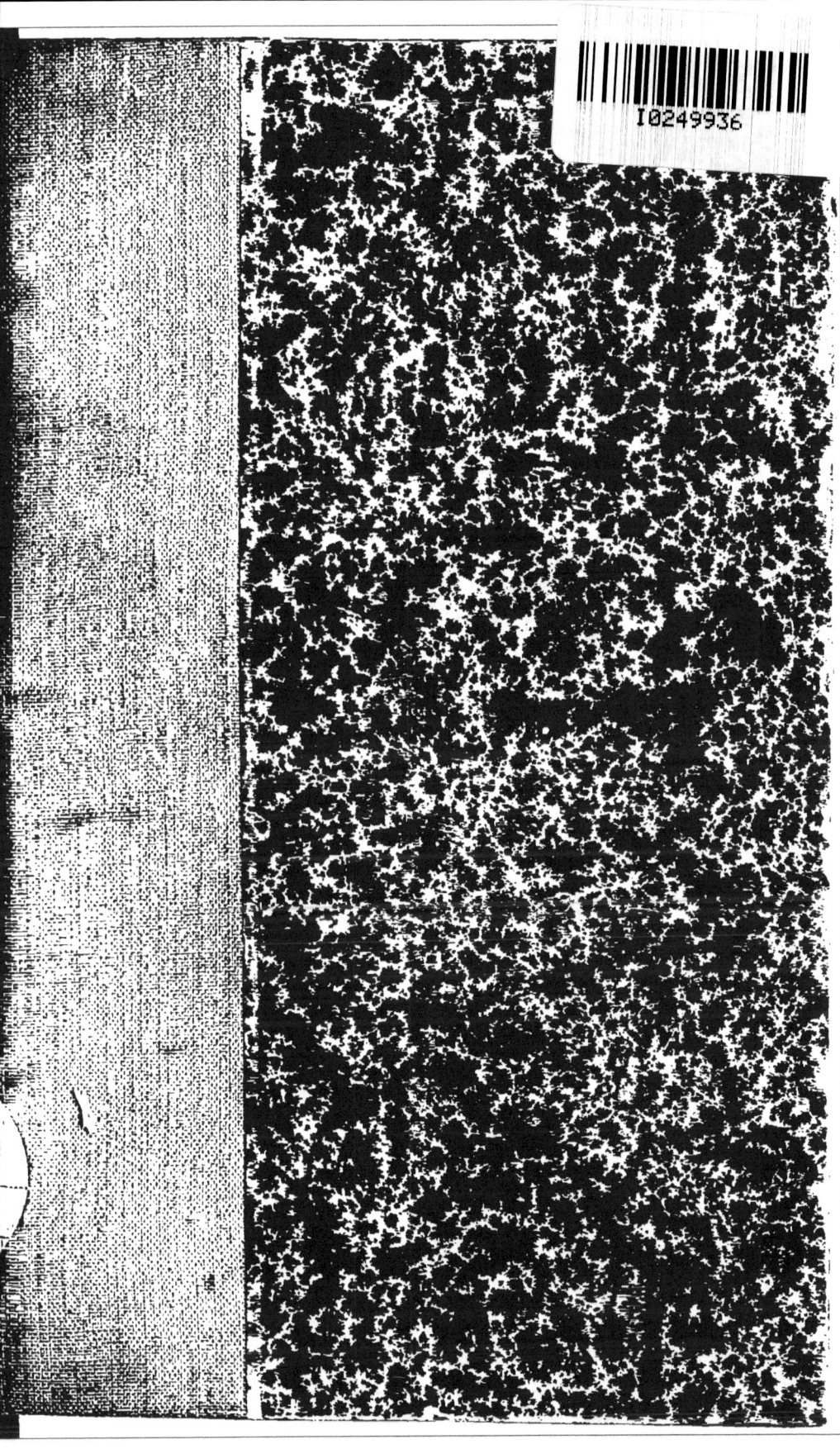

LES FRANÇAIS

AVANT, PENDANT ET APRÈS

LA GUERRE DE 1870-71

Étude psychologique basée sur des documents français

PAR

Le Dr ÉDOUARD KOSCHWITZ

PROFESSEUR A L'UNIVERSITÉ DE MARBOURG

Traduction française par

JULES FÉLIX

PROFESSEUR AU GYMNASE DE BERNE

PARIS   LEIPZIG
59, RUE BONAPARTE, 59   16, SALOMONSTRASSE, 16

H. WELTER, ÉDITEUR

1897

Prix : 3 Fr.

A LA MÊME LIBRAIRIE

ARCHIVES du diocèse de Chartres. Histoire et Cartulaire de Saint-Denis de Nogent-le-Rotrou (1031-1789). Fort vol. in-8, av. pl. 1895-97.... 12 fr. 50

CATULLE. Texte, trad. p. Rostand, et comm. p. Benoist et Thomas. 2 v. 1882-90. (20 fr.). net 10 fr.

CHANSONNIER HISTORIQUE du XVIIIe siècle, publié avec introduction, commentaire, notes et index, par E. Raunié. 10 vol. in-8 sur papier de Hollande, av. portraits à l'eau-forte. 1879-1884 (100 fr.). 35 fr.

CHEVALIER (Ulysse). Répertoire des sources historiques du moyen-âge. Topo-bibliographie. L'ouvrage sera complet en 6 fascicules in-4 à 2 colonnes, de 528 col. environ chacun. En vente les fasc. 1 et 2. Prix du fasc. 9 fr. Souscription à l'ouvrage complet payé d'avance 45 fr.

COURRIER DE VAUGELAS. 11 vol. in-4. (85 fr.) net 30 fr.

ESTIENNE (Henri). Deux dialogues du nouveau langage françois italianizé (1578), publ par A. Bonneau. 2 vol. in-8. 1883. (25 fr.) .. net 10 fr.

FAGUET (E.). La tragédie française au 16e siècle. (1500-1600). Nouvelle édition. In-8, 1895. Réimpression fac-simile 10 fr.

FOULCHÉ-DELBOSC (R.). Bibliographie des Voyages en Espagne et en Portugal. Gr. in-8, 1896. 12 fr. 50

FOULCHÉ-DELBOSC (R.) et M. CONTAMIN DE LA TOUR. Contes espagnols. In-8, illustré, 1890...... 5 fr.

GAUTIER (Léon). Les Epopées françaises. 2e édit. 4 vol. 1878-94.... 80 fr.
— Bibliog. de la chanson de geste (Suppl. aux Epopées). 1897........ 15 fr.
— La Chevalerie. 3e édit. In-4, ill. 1895. (25 fr.), net 15 fr

GAZETTE ANECDOTIQUE. Collection complète. 1876-91. 32 vol. (288 fr.), net 88 fr.

GRAESEL. Manuel du bibliothécaire. In-8. 1897. rel. 12 fr.

HISTOIRE littéraire de la France 31 vol. in-4 et table............ 672 fr.

KOSCHWITZ (E.). Les parlers parisiens. Anthologie phonétique, rel. 1893. 4 fr. 50

KOSCHWITZ (E.). Les Français avant, pendant et après la guerre de 1870-71. In-12, 1897........ 3 fr.

ΚΡΥΠΤΑΔΙΑ. Recueil de documents pour servir à l'étude des traditions populaires. Les tomes I à IV ainsi que le titre de la collection sont actuellement notre propriété. Les 4 vol. parus de 1883 à 1888 sont très rares; nous en

LES FRANÇAIS
AVANT, PENDANT ET APRÈS
LA GUERRE DE 1870-71

Le livre de M. Koschwitz pourrait être pris pour la production littéraire d'un chauvin allemand. Rien ne serait plus faux. L'auteur a donné, pendant la guerre et après, tant de preuves incontestables de sa sympathie pour tout ce qui est français, qu'il serait absurde de lui supposer des sentiments d'hostilité. C'est l'amour de la paix et l'aversion pour tout chauvinisme qui ont conduit sa plume, et c'est parce que nous sommes convaincu de la sincérité de ses intentions pacificatrices qu'il nous a été possible de publier cette traduction française de son œuvre.

H. Welter,
Éditeur.

LES FRANÇAIS

AVANT, PENDANT ET APRÈS

LA GUERRE DE 1870-71

Étude psychologique basée sur des documents français

PAR

Le Dr ÉDOUARD KOSCHWITZ

PROFESSEUR A L'UNIVERSITÉ DE MARBOURG

Traduction française par

JULES FÉLIX

PROFESSEUR AU GYMNASE DE BERNE

———•·•·•——

PARIS		LEIPZIG
59, RUE BONAPARTE, 59		16, SALOMONSTRASSE, 16

H. WELTER, ÉDITEUR

1897

PRÉFACE DU TRADUCTEUR

M. le Dr Koschwitz, professeur de philologie romane à l'université de Marbourg, précédemment à Greifswald, a fait paraître, en 1894, la deuxième édition de l'ouvrage suivant : *Französische Volksstimmungen während des Krieges 1870-71. Nach französischen Quellen.— Heilbronn, Verlag von Eug. Salzer.*

Ce livre, dû à la plume d'un connaisseur aussi éminent de la littérature française et des choses de France, méritait d'être mis à la portée du public de langue française.

En effet, quoique les rapports actuels entre la France et l'Allemagne soient devenus tolérables, les sentiments d'hostilité qu'une grande partie des Français ont gardés pour l'Allemagne, ne demandent qu'une occasion favorable pour éclater.

Or, ces sentiments, à l'état où ils ont été amenés et où ils se maintiennent encore, sont en grande partie le résultat d'une agitation factice, créée et entretenue par une partie de la presse française et par de nombreux ouvrages : poésies, romans et nouvelles, ayant pour sujet les événements de l'année terrible.

Le but que M. Koschwitz a eu en vue a été de montrer, documents français en mains, que les sentiments de haine pour l'Allemagne, qui animent encore le cœur de la plupart des Français, auraient été bien moins violents et seraient bien moins persistants, s'ils n'avaient été systématiquement cultivés et poussés à l'excès par des gens qui spéculaient et spéculent encore sur le sentiment d'amertume naturel aux vaincus.

Les faits que M. Koschwitz rapporte ouvriront les yeux à bien des personnes, en France et hors de France, sur l'excitation malsaine causée par ceux qui ont contribué par leurs écrits à rendre la lutte plus âpre et les ressentiments plus profonds entre les deux peuples.

Les récits des atrocités imaginées par les inventeurs de nouvelles à sensation, et mises sur le compte des Allemands, ont fini par être considérés comme dignes de foi par une grande partie de la population. On frémit en pensant à quelles représailles les Français se croiraient légitimement autorisés, si le sort des armes leur était favorable dans la prochaine guerre.

On remarquera que M. Koschwitz s'est abstenu de toute expression blessante à l'égard des Français. Son but a été d'exposer un tableau vrai de la disposition d'esprit des Français pendant l'année terrible. Il l'a fait d'une manière calme et exempte de passion.

Quoique le présent ouvrage ait été destiné à des lecteurs allemands, il sera lu avec intérêt par les Français amis de la paix et par les étrangers qui veulent être renseignés d'une manière authentique sur l'état d'âme de la population française pendant la guerre. — Le livre de M. Koschwitz était dans l'origine destiné à former l'introduction d'un autre ouvrage, qui cependant a été publié à part et qui a pour titre : *Les nouvelles et romans français sur la guerre de 1870-71*.

BERNE, novembre 1896.　　　J. F.

I. — AVANT LA GUERRE

Avant la guerre de 1870-71, la grande majorité du peuple français n'avait qu'une connaissance superficielle de l'Allemagne. Sans cette ignorance, la déclaration de guerre n'aurait probablement pas eu lieu, ou n'aurait sans doute pas provoqué en France l'enthousiasme qu'elle a éveillé dans toutes les classes de la population ; la lutte n'aurait pas non plus revêtu de part et d'autre un caractère aussi dur. En général le Français n'a pas pour les voyages le goût que l'on remarque chez l'Allemand ; il ne sent pas le même besoin d'apprendre à connaître d'autres hommes et d'autres pays ; les beautés de la nature ne lui font pas volontiers abandonner son foyer domestique. La fierté nationale du Français lui dit que, chez lui, tout est bien et parfait, qu'ailleurs il ne trouverait rien de mieux. Si ses affaires ou d'autres circonstances le forcent de quitter sa patrie, il emporte avec lui ses préjugés nationaux et n'abandonne pas la manière de voir qu'il a reçue de son éducation. Il n'examine que rarement avec réflexion quelle est la raison d'être, quels sont les avantages ou les désavantages des mœurs et des institutions qui sont nouvelles pour lui. Sous ce rapport, il ressemble à l'Anglais et il est le contraire du Germain et du Slave, qui s'accommodent facilement à l'esprit et aux habitudes d'autres nations. C'est une particularité qu'on a toujours pu observer chez l'Allemand, et qui n'a nullement disparu, de trouver bon tout ce qui est étranger et de le préférer à ce qui est national, de faire le glorieux en adoptant des coutumes étrangères et de se croire supérieur à ses compatriotes en singeant les mœurs d'autres peuples.

Quand les Français se rendaient en Allemagne, ils n'avaient donc pas une vue impartiale des choses. Il n'y en a que peu qui soient allés dans ce pays pour le visiter dans ses parties reculées et pour se livrer à des études sérieuses sur ses habitants. Le Français qui voyageait pour son plaisir, se contentait de visiter le Rhin et la Forêt-Noire. Voulait-il faire un séjour un peu prolongé, il choisissait une des grandes villes d'eaux, Bade, Wiesbade ou Ems, où il trouvait une société cosmopolite de baigneurs et où la population respectait scrupuleusement les habitudes des étrangers. Il apportait avec lui ses coutumes familières, et ce qu'il remarquait d'allemand dans le pays étranger, était purement extérieur. Ce qu'il y avait d'original dans la population au milieu de laquelle il vivait, lui restait aussi étranger que le caractère du peuple le reste à la plupart des touristes allemands qui voyagent en Suisse. Ce n'est pas en conversant avec des hôteliers, des sommeliers, des cochers et des guides qu'on apprend à connaître un pays, ce n'est pas non plus par un séjour de quelques mois d'été. Et cependant, ces observations superficielles et une connaissance un peu plus exacte de la population alsacienne formaient le fond des jugements que les Français portaient alors sur l'Allemagne.

La vie littéraire des Allemands était aussi peu connue. Le livre, d'ailleurs peu lu, de Mme de Staël sur l'Allemagne était toujours considéré comme une source digne de foi pour qui voulait apprendre à connaître notre peuple et son originalité. Faust et Werther, de Gœthe, les contes fantastiques d'Hoffmann, les récits de Hébel et les histoires villageoises d'Auerbach, le vieux Muenchhausen et les ouvrages de Börne et de Heine, c'était à peu près tout ce qu'on connaissait de notre littérature, et les jugements qu'on portait se basaient surtout sur la lecture de ces auteurs. Parmi les arts que nous cultivons, il n'y avait que la musique qui fût louée sans réserve; la science allemande n'était connue que dans les cercles restreints des savants français. De ces sources, qui ne pouvaient faire connaître notre pays, on formait un tableau fantastique, auquel des souvenirs du temps de Napoléon, ainsi qu'une appréciation dédaigneuse des petits États et de leur cour, prêtaient quelque relief! Toute l'Allemagne paraissait encore couverte de forêts, parsemée de ruines de châteaux, habitée par une race blonde aux yeux bleus. L'Allemand, un brave Prudhomme un peu borné, remplissait avec soin les devoirs journaliers de sa profession, après quoi il se rendait tous les soirs dans l'atmosphère épaisse d'une brasserie. Là, fumant sa longue pipe, buvant chope sur chope, il échangeait, avec des amis tout semblables à lui, ses idées nébuleuses, oubliant le reste du monde pour ne songer qu'à ses utopies favorites et à ses intérêts de clocher. Sa ménagère Gretchen accomplissait au foyer domestique les devoirs qui lui sont prescrits dans la *Cloche,* de Schiller ; elle s'occupait assidûment du ménage, élevait les enfants et s'estimait au comble du bonheur quand, le dimanche, son seigneur et maître, traînant lui-même le petit char, se rendait avec elle et sa nombreuse progéniture dans la verte forêt, pour y passer l'après-midi au milieu d'entretiens idylliques. Les savants et les penseurs se plaisaient à écrire de longs ouvrages d'un style indigeste, ornés de citations innombrables et dont le langage lourd défiait la patience des lecteurs les plus indulgents. Les gouvernants étaient absolument incapables de créer une organisation un peu complète de l'État et d'y introduire une administration énergique ; l'individualisme allemand paralysait toute communauté d'idées et tout élan national. Quant aux princes, ils appauvrissaient le peuple pour se livrer à des jouissances grossières, certains qu'ils étaient d'arrêter par quelques phrases bénévoles tout mouvement populaire.

Ce n'était ni le présent ni l'avenir qui poussait l'Allemand à penser ou à agir; son regard se fixait sur le passé, à moins que ses pensées ne se perdissent dans d'inutiles rêveries métaphysiques. Le présent ne formait pas l'objet de ses réflexions, car il ne pouvait éveiller en lui que le sentiment de son impuissance politique, et l'imagination ne se plaît pas aux idées peu riantes. L'avenir n'offrait pas non plus des perspectives bien réjouissantes. Il ne restait donc plus à l'Allemand que le sentiment d'un passé glorieux.

Quand son regard se portait par hasard sur l'avenir, il ne s'attachait à aucun but précis; il ne voyait qu'un nouveau rêve, un idéal qu'éveillait la vieille légende de Frédéric Barberousse. Alors l'Allemand était pris d'un désir inexprimable de voir les races germaniques s'unir; il soupirait après un âge d'or, un retour du glorieux empire d'Allemagne, délivré des circonstances funestes qui en avaient amené le morcellement.

Ces rêveries sans but saisissable semblaient peu dangereuses au voisin français. A l'arrière-plan de ce tableau qu'on se faisait de l'Allemagne s'élevait cependant un groupe peu fait pour plaire à l'étranger d'outre-Rhin : c'était l'État des Hohenzollern, avec son souverain résolu, son énergique premier ministre, son stratège éprouvé et taciturne, et sa population intelligente et tenace. Mais on passait rapidement sur cet objet désagréable ; on se moquait avec dépit de ce membre du Corps germanique, qui se permettait de faire parler si souvent de lui. Le roi de Prusse était représenté comme un personnage porté au mysticisme, enfermé dans les idées d'un protestantisme étroit. Les manières affables de ce prince étaient considérées comme une recherche maladroite de la popularité ; le soin qu'il mettait à se former une armée prête à marcher, passait pour un enfantillage ou l'effet d'une ambition puérile, que la France saurait bientôt rabattre. Bismarck était dépeint comme une âme méchante, astucieuse et basse ; Moltke, comme le chef d'une grande parade bien dressée. Le fonctionnaire prussien était décrié comme l'exécuteur mesquin, étroit et rude des ordres reçus ; incapable d'une initiative quelconque, rampant envers ses supérieurs, et, pour ses subordonnés, plein de grossièreté, d'arrogance et de dureté. Le savant prussien alliait dans ses écrits la confusion inséparable de la science allemande à une présomption incroyable, le tout joint à un esprit passablement borné. Puis venait, comme type caractéristique du Prussien, le hobereau du Nord, digne descendant d'une vieille race de chevaliers pillards, ignorant, impertinent, présomptueux et pauvre. On considérait la masse du peuple, ou au moins on la dépeignait comme appauvrie et asservie, envieuse, jetant des regards jaloux du côté du fortuné voisin et prête à se ruer sur lui et à le dépouiller.

Ce misérable petit peuple prussien s'était toujours mis en avant dans les dix années qui précédèrent 1870; il fallait, à la première occasion, lui faire passer l'envie dangereuse de se poser en grande puissance. La question de la succession au trône d'Espagne parut offrir cette occasion. La plus grande partie du peuple français voulait la guerre, à la vérité seulement contre la trop ambitieuse Prusse. Les Français étaient dans l'erreur en ce qui concernait les États du sud de l'Allemagne; ils ne connaissaient pas non plus l'armée allemande et avaient de la leur une beaucoup trop haute idée. On espérait que, dès que l'armée française aurait passé la frontière, le grand-duché de Bade et la Bavière se jetteraient avec joie dans les bras des étrangers. C'est dans cette prévision que le plan d'opération devait être conçu : un coup rapidement porté contre le Palatinat et la Hesse, puis la neutralisation des États du Sud, précéderaient l'écrasement de la Prusse. On disait « que « le grand-duc (de Bade) était à la remorque « du bismarckisme, mais que la population « détestait la Prusse ; qu'on pouvait s'atten-« dre à bien des défections imprévues », que le roi de Bavière n'était décidément qu'un prince de Vaucanson, dont Berlin tenait les ficelles; mais que les fils pourraient bien casser, car l'opinion publique s'indignait de ce servilisme (1). D'après la *Patrie* du 20 juillet, une révolution avait même éclaté à Carlsruhe, parce que le gouvernement n'était pas pour la France (2). Puis on espé-

---

(1) *Charivari* des 20, 22 et 23 juillet 1870; *Journal de Genève,* 19 et 23 juillet 1870. — (2) Pfaff, *La grande nation*, 2ᵉ éd. Cassel, 1870, p. 39.

rait plusieurs alliances. On croyait que le Danemark était disposé à soutenir la France contre la Prusse et que tout était prêt pour une action commune dans la Baltique. D'après le *Journal de Paris*, du 11 juillet, 50,000 hommes de troupes danoises attendaient avec impatience le moment où elles pourraient envahir le Sleswig-Holstein (1).
« La *Patrie*, qui paraît avoir reçu des ren-
« seignements assez particuliers de Vienne,
« assure que François-Joseph ne fourrera pas
« jusqu'à nouvel ordre son doigt entre l'arbre
« et l'écorce. — Soit! Mais quand on a dans
« son passé une faillite qui s'appelle Sadowa
« et qu'on voit poindre une occasion de se
« réhabiliter, tenez pour certain que tôt ou
« tard on succombera à la tentation » (2).
On était certain de la supériorité de l'armée française. Le fusil Chassepot, dont la portée et la justesse de tir surpassaient en effet le fusil à aiguille, justifiait en quelque sorte ce sentiment de supériorité. On plaçait les plus grandes espérances dans la mitrailleuse, qui n'avait pas encore fait ses preuves;

---

(1) E. Leclercq, *La guerre de 1870*. Bruxelles, 1870, p. 31. — (2) *Charivari* du 21 juillet 1870.

elle tuerait la guerre à la première bataille! disait le *Figaro* du 26 juillet (1). Pour l'artillerie française, on rappelait ses succès à Solférino. On avait une confiance sans bornes dans les généraux français. D'autre part, on prétendait et croyait que, dans l'armée prussienne, le service des approvisionnements était mal organisé, plus mal même que dans toute autre armée (2). Le soldat allemand était lourd, épais, pleurard, incapable de faire de longues marches, beaucoup trop père de famille pour être soldat, pas aguerri du tout, mal nourri et conduit rudement par des officiers en lunettes (3). Les soldats prussiens n'étaient que des mannequins, sur lesquels il suffisait de souffler pour les faire tomber les uns sur les autres ; ils ne retrouvaient leurs jambes que pour se sauver, quand on arrivait à la baïonnette (4). G. Sand raconte encore, le 8 janvier 1871 : « Le Prussien « *en personne* n'est pas solide et ne leur cause « aucune crainte. On court sur lui sans armes,

---

(1) LECLERCQ, p. 35. — (2) *Figaro* du 24 juillet, dans Leclercq, p. 32. — (3) LECLERCQ, p. 59. — (4) CAUVIN, *Rosa Valentin*. Paris, 1889, p. 198 et suiv.

« il se laisse prendre armé » (1). Un officier français racontait « qu'on pouvait être « tranquille, parce que le soldat prussien, « pour tirer plus vite, appuie son fusil sur sa « cuisse, et lâche son coup sans viser » (2). Le *Figaro* du 26 juillet connaissait aussi cette méthode prussienne (3). Ch. Hugo, le fils de V. Hugo, faisait, dans le *Rappel* du 28 juillet, la description suivante d'un régiment prussien : « Étant à Trèves, il y a « quelques années, je vis défiler un régiment « prussien. C'était quelque chose d'étrange « et d'extraordinaire. Qui a vu marcher un « régiment prussien, a vu une horde féodale. « C'est risible, sauvage et inquiétant. Le « casque à pointe fait rire, mais l'air mar- « tial des soldats donne à réfléchir. On ne « peut rien se figurer de plus étrange, de « plus terrible et de plus ridicule à la fois « qu'un régiment coiffé de paratonnerres. « On se croirait à un carnaval guerrier. « Le soldat est un arlequin déguisé en « Mars.

---

(1) *Revue des Deux-Mondes* du 1er avril 1871.
— (2) *Journal de Genève* du 22 juillet 1870. —
(3) Leclercq, p. 35

« Le régiment se met en mouvement.
« Regardez. En avant, marche le maître de
« chapelle. C'est un garçon bariolé, qui danse,
« chante, crie et se démène comme un pantin.
« Il souffle de toutes ses forces dans un instru-
« ment de cuivre, qui donne une idée exacte
« de la musique militaire prussienne ; c'est un
« bouffon manqué. Le régiment français a le
« tambour-major, le régiment prussien, son
« maître de chapelle. La France a le géant, la
« Prusse, le nain.

« Derrière le maître de chapelle s'avance
« la musique, avec ses fifres, ses cornets,
« ses tambours plats, qui ressemblent à
« deux cymbales mises l'une sur l'autre.
« Il n'y a rien de plus enragé que cet
« orchestre diabolique. Tout ce bruit, ce
« tintamarre, ce vacarme, se fond en une
« symphonie embrouillée : l'âme musicale de
« l'Allemagne, qui allie la fureur à la rêve-
« rie et à la mélancolie. On dirait un vent
« d'orage qui joue un morceau de Beetho-
« ven.

« Après la musique, vient le colonel,
« personnage tout à fait impossible. Il
« porte un autre uniforme que celui du
« régiment ; cet uniforme est galonné, pana-

« ché, doré, brodé, fantastique et extrava-
« gant. Le colonel a un casque ; il porte
« des épaulettes à grosses boules ; il a son
« sabre à la main et c'est à cela qu'on
« reconnaît son rang. Douze laquais, en
« grande livrée, et des heiduques en turban
« le suivent, puis viennent ses aides de
« camp, jeunes gens, mais grands seigneurs,
« en costumes surprenants. Ils sont hau-
« tains, mais imberbes. Tout ce monde-là,
« maître de chapelle, musiciens, colonel,
« heiduques, aides de camp, se pavane, fait
« des courbettes, souffle, annonce la guerre,
« provoque, menace et étourdit. La sévère
« discipline des Allemands s'annonce par
« un étonnant capriccio. C'est une fantaisie
« échevelée ; Beethoven en a fait la musique,
« Callot, les masques. On croit rêver.
« Sont-ce des baladins ou des guerriers ?
« Où vont-ils ? A la guerre. C'est une danse
« macabre ; on s'attend à voir Thespis
« s'avancer avec les canons prussiens.

« Après l'état-major, la scène change rapi-
« dement. La pompe fantastique fait place
« à la discipline ; discipline et régiment
« sont synonymes. Voici le capitaine : un
« vétéran de 5o ans ; une longue barbe grise

« lui couvre la bouche et le menton. Il a le
« sabre à la main ; ses épaulettes sont de
« minces filets d'or. Comme un sabre dans
« son fourreau, il est serré dans son uni-
« forme, raide et boutonné jusqu'au cou.
« Il ne regarde ni à droite ni à gauche, mais
« droit devant lui ; son pas est stoïquement
« rythmé ; son règlement, c'est le devoir
« muet, résigné, menaçant. Le colonel, c'est
« le fanfaron, le capitaine, c'est le soldat.

« Derrière le capitaine s'avance sur trois
« rangs la compagnie. Chaque homme se
« meut comme un automate. Les soldats
« sont pâles, exténués ; le commandement
« les a brisés, l'obéissance les a pétrifiés, la
« discipline les a hébétés. La régularité de
« leur marche est surprenante. Pas un bras,
« pas une jambe, pas un profil ne sort de
« l'alignement. Tout est correct, exact, tra-
« gique. La deuxième compagnie suit la pre-
« mière. Le second capitaine est plus jeune
« que le premier, mais il n'a pas l'air aussi
« pittoresque. Derrière chaque compagnie
« vient le sous-lieutenant ; son œil est conti-
« nuellement fixé sur ses hommes ; s'il man-
« que un bouton de guêtre, il y aura des
« coups à la caserne, au retour. Dans les

« rangs, on n'entend pas un mot ; pas un
« regard ne se hasarde vers les fenêtres ; on
« n'aperçoit aucun mouvement qui ne serait
« pas réglementaire. Capitaines, lieutenants,
« soldats, tous semblent taillés dans du bois;
« chez ces hommes-là, pas trace de volonté
« propre. Il y a dans leurs yeux quelque
« chose de la sauvagerie des Teutons ; ils
« n'appartiennent pas à leur siècle. On croi-
« rait voir marcher des Cimbres; c'est la bar-
« barie qui défile devant vous. Ce n'est plus
« une mascarade, c'est la légion de la Mort.
« Cette armée a une patrie : le Nord, une
« gloire : Waterloo, un héros : Blücher » (1).

On n'était pas mieux renseigné sur la landwehr allemande. Le *Gaulois* du 17 juillet annonçait que la landwehr, surtout dans les pays alliés de la Prusse, refusait de marcher (2). Le 26 juillet, le même journal parlait de la complète désorganisation de cette troupe, dans laquelle nulle discipline n'était possible, qui manquait d'approvi-

---

(1) A. Pfaff, *La grande nation dans ses paroles et ses actions depuis le commencement jusqu'à la fin de la guerre, comparée avec les paroles et les actions du peuple allemand.* Cassel, 1871, p. 56 et suiv. — (2) Leclercq, p. 40.

sionnements (1) et en était réduite à vivre de brigandage et de pillage (2). La *France* du 18 juillet croyait savoir que les hommes de la landwehr sont des poltrons, qui ont souvent envie de jeter leurs fusils et de se sauver (3). Ce qu'ils désirent le plus, disait le *Moniteur* du 22 juillet, c'est d'être faits prisonniers. « Ils rendent leurs armes aux
« bureaux de péages, à la frontière, et c'est
« ainsi que ces maisons deviennent de petits
« arsenaux. Parmi les déserteurs se trouvent
« aussi des officiers » (4). « Strasbourg voit
« tous les jours des troupes de ces déserteurs
« badois et bavarois entrer dans ses murs. Ils
« arrivent par troupes de 50 hommes » (5).

A en croire nos sources, le landsturm allemand était encore plus pitoyable. Millaud, dans le *Figaro* du 3 septembre 1870, le décrit dans les termes suivants :

« Regardez-les ! les voici qui arrivent, les
« hommes du landsturm. A l'appel de la pa-
« trie, ils ont quitté leur fauteuil et leurs petits-

---

(1) Leclercq, p. 39. — (2) *Paris-Journal* du 30 juillet 1870. — (3) Hirth. *Journal de la guerre franco-allemande*, 1870-1871. Berlin, 1871, I, 237. — (4) Pfaff, p. 42. — (5) *Journal du Havre* du 29 juillet, dans Pfaff, p. 62.

« enfants. Les voici, les derniers, les suprê-
« mes soldats de l'armée prussienne.

« Ce sont de nobles têtes de vieillards. Le
« plus jeune a cinquante-cinq ans. Le colo-
« nel, homme aimable et plaisant, l'appelle
« Bibi. C'est l'enfant du régiment. Les autres
« marchent gravement et lentement, comme
« il convient à leur âge. On croirait voir
« des sénateurs.

« Ils cheminent légèrement courbés en
« avant et la tête un peu penchée... N'y prenez
« pas garde. Ne croyez pas que c'est par
« lâcheté ou par humiliation ; — non, c'est
« parce qu'ils sont voûtés.

« Regardez-les. Leur tête branle un peu
« sous le casque. Ceux qui ont encore des
« cheveux, les montrent avec orgueil, — ceux
« qui n'en ont plus, les ont habilement rem-
« placés par un bonnet de soie noire, orné
« d'une mèche.

« Ils marchent. Le colonel a fait observer
« une certaine distance entre les rangs, à
« cause des ventres qui ont des exigences
« fatales...

« L'arrière-garde est spécialement com-
« posée de goutteux... Les pituites, catarrhes,
« bronchites invétérées sont en avant. Elles

« remplacent avantageusement la musique
« militaire.

« Ils marchent ! — De temps en temps on
« s'arrête pour l'exercice de la tabatière, indis-
« pensable à ces vénérables. Au commande-
« ment, on ouvre les queues de rats, on
« prend la prise, on la pulvérise, on la hume,
« on referme la tabatière, on éternue. Puis
« le bataillon reprend sa marche. Au lieu de
« porter les fusils sur le dos, les landsturm
« s'appuient dessus, en guise de cannes.

« Bientôt on s'arrête encore. Au comman-
« dement, ils tirent leurs besicles de leur nez
« et leur mouchoir de leur poche. Avec leur
« mouchoir, ils frottent les verres de leurs
« besicles ; avec le même mouchoir, ils
« essuient leur nez souvent humide ; puis,
« avec un ensemble parfait, ils remettent leur
« mouchoir dans leur poche et leurs besicles
« sur leur nez...

« C'est le plus beau bataillon du landsturm ;
« la victoire accompagne déjà leurs pas. Hier,
« après une glorieuse étape de cent soixante
« mètres, commencée à l'aurore et terminée
« le soir, ils ont investi un village français.
« Les habitants ne se sont pas défendus,
« vaincus par le respect.....

« C'est à tort que certains journaux ont pré-
« tendu que quelques soldats du landsturm,
« entre autres exactions, avaient violé des
« jeunes filles. Le landsturm proteste et s'en
« déclare absolument incapable. Il y a long-
« temps qu'il ne fait plus de ces choses-là...

« Un malheur à enregistrer. Le brave lieu-
« tenant-colonel Klops, parti de Berlin à l'âge
« de quatre-vingt-deux ans, tombé en enfance
« vers Rastadt, est mort de vieillesse en tou-
« chant la France. Paix soit faite à sa cen-
« dre..... » (1).

Le baron de Stoffel, plénipotentiaire français à Berlin, était, disait-on, convaincu que le système militaire prussien ne permettait que des guerres extrêmement courtes et seulement sur un territoire restreint. Si la guerre prusso-autrichienne avait duré seulement un mois de plus, la Prusse se serait trouvée dans une détresse terrible. Suivant les mêmes sources, les généraux prussiens, qui sont des princes pour la plupart, doivent leur grade, moins à leur expérience et à leurs connaissances, qu'à leur haute naissance. A la manière de M. Leroy, dans son

---

(1) LECLERCQ, p. 167; PFAFF, p. 183.

Lieutenant Bernard, on représentait les officiers prussiens comme tellement mesquins et pédants que, même la satisfaction des besoins naturels de leurs soldats, s'accomplissait d'après des commandements, etc., etc. (1).

Toutes ces choses trouvèrent des lecteurs complaisants, à plus forte raison quand le maréchal Lebœuf eut prononcé son « archiprêts » et que le ministre Ollivier eut fait sa malheureuse déclaration : « C'est d'un « cœur léger que le gouvernement de l'em- « pereur voit venir la guerre ».

---

(1) Le colonel von Gomlack dans *Le Lieutenant Bernard*. Paris, librairie illustrée.

II. — ENTHOUSIASME

POUR LA GUERRE

La déclaration de guerre fut reçue dans tout le pays avec une jubilation indescriptible ; même dans les villes de la frontière, par exemple à Strasbourg, la population était pleine d'enthousiasme et d'exaltation patriotique (1). Dans la capitale, l'allégresse était naturellement à son comble. « Le long
« du boulevard, deux mille jeunes gens,
« bras dessus, bras dessous, chantent la
« *Marseillaise*.Voitures,équipages,omnibus,
« tout s'arrête, et du haut de tous ces véhi-
« cules, on voit pencher sur la colonne chan-
« tante de longues grappes humaines. — Un
« marin lève un drapeau, et soudain mille
« compagnons sont derrière lui. — Mais il
« faut des flambeaux! s'écrie un patriote
« de quinze ans. — Comment allumer des
« flambeaux, quand on n'en a pas. — Des flam-
« beaux? réplique une figure espiègle, en
« voici ! Et en une seconde il avise les balais

(1) AIMARD, *Le Baron Frédérick*. Paris, I, 88.

« de la bonne ville de Paris, qu'il allume
« prestement, et voilà la torche patriotique
« toute flambante. Multipliez ces deux scènes
« par cent, et vous aurez une idée des démons-
« trations populaires qui ont rempli chacune
« des soirées de la semaine sur tous les points
« de Paris. » — Au passage des régiments, des
milliers de personnes aux fenêtres de toutes
les maisons. Toute la rue remplie de jeunes
gens, de bourgeois, d'ouvriers, qui accom-
pagnaient en chantant la musique jouant
la *Marseillaise* ; des applaudissements à
toutes les croisées ; des poignées de mains ;
des bouquets de fleurs ; des acclamations ;
les cris retentissants : A bas la Prusse ! A
Berlin ! Vive la France ! (1). « A l'Opéra,
« Mlle Sass chantait la *Marseillaise* ; le
« public reprenait en chœur, et avec quel
« enthousiasme ! Après chaque strophe
« retentissaient les cris de : Vive l'empe-
« reur ! Vive l'armée ! Guerre aux Prus-
« siens ! » (2). Ce qui avait lieu à l'Opéra,
se répétait aussi à l'Opéra-Comique, au
Théâtre-Français, sur les petites scènes. « A

---

(1) *Illustration*, vol. 56, p. 70. — (2) *Journal de Genève* du 22 juillet.

« peine le rideau tombé sur le spectacle du
« jour, vingt voix, trente voix, cent voix
« criaient à pleins poumons : la *Marseil-*
« *laise !* L'administration, qui s'attendait à
« cette quotidienne manifestation d'enthou-
« siasme, avait tout préparé pour y satisfaire.
« La toile se relevait, et l'un des artistes du
« théâtre entonnait l'hymne patriotique.
« Aux premières mesures, un spectateur ne
« manquait jamais de jeter d'un ton de com-
« mandement le mot : *Debout ! Debout !*
« Toute la salle se levait à cette injonction et
« reprenait le refrain en chœur (1) ». — Ce
n'est que peu à peu que les cris d'allégresse
finirent par importuner les patriotes français ; la presse trouva bon d'intervenir. On fit
l'observation que, si l'on mettait aux brail-
lards un sac sur le dos et qu'on les envoyât à
la frontière, leurs cris seraient peut-être
un peu moins bruyants (2). La *Patrie* fit
la proposition ironique de donner satisfaction à l'enthousiasme frénétique qui poussait
les jeunes gens à parcourir tous les soirs les
rues en criant : « A Berlin ». Ce zèle étant

(1) Sarcey, *Le siège de Paris.* Paris, Marpon et
Flammarion, p. 4. — (2) *Charivari* du 20 juillet 1870

véritable et la haine de la Prusse sincère, il fallait tirer un parti utile de ces sentiments. On n'avait qu'à déposer dans les mairies des registres pour les volontaires et à inviter les intrépides jeunes gens, qui animaient tous les soirs les rues par les cris de « A Berlin » et de « Vive la guerre », à se rendre à la mairie la plus rapprochée pour s'y inscrire immédiatement. Ainsi leur désir serait rempli et leurs manifestations obtiendraient un effet pratique (1). Ces propositions de la presse et l'ouverture effective de bureaux d'enrôlement rafraîchirent les esprits ; le calme finit par renaître dans les rues de la capitale.

L'enthousiasme guerrier des Français se fit aussi voir à la manière dont on reçut les quelques députés qui osèrent déconseiller la guerre. Cassagnac fit mettre dans son journal : « Jules Favre, Arago, Glais-Bizoin,
« nous vous mettrons le bâillon à la bouche,
« les menottes aux poignets, et nous vous
« imprimerons sur l'épaule le stigmate des
« travaux forcés. Et quand vous passerez
« dans les rues avec votre casaque rouge,

(1) *Journal de Genève* du 20 juillet 1870.

« traînant la jambe, on comprendra que le
« seul boulet qui convienne à votre cou-
« rage est le boulet au pied » (1). Le marquis de Piré appelait Thiers, en plein parlement, une « trompette des désastres de la France », et le *Figaro* du 23 juillet imprimait ceci : « En homme de précau-
« tion, M. Thiers a fait doubler en tôle les
« volets de son hôtel, place Saint-Georges.
« Il veut que ledit hôtel soit blindé, comme
« sa conscience » (2).

La guerre commencée ouvrit le champ aux espérances les plus hardies. « Personne
« n'a eu l'idée ridicule que nous allions
« délivrer les Allemands opprimés par la
« Prusse, comme le prétendaient les mani-
« festes impériaux. Les seuls sentiments de
« ceux qui étaient satisfaits de la guerre,
« étaient une mesquine jalousie contre la
« Prusse, dont la puissance grandissante
« offusquait notre amour-propre, un vieux
« regain de haine, remontant à 1815, et le
« plaisir puéril et immoral de montrer sa
« force, de battre son voisin, et d'entrer en
« triomphateur dans une capitale quel-

(1) LECLERCQ, p. 29 et suiv. — (2) LECLERCQ, p. 30.

« conque. La masse de la nation, qui ne
« songeait point à la guerre et la voyait
« même avec effroi, n'éprouvait point de
« répulsion morale contre l'indignité du
« prétexte saisi par l'empereur, et accepta
« bientôt avec satisfaction l'idée d'une pro-
« menade à Berlin. Les soldats se réjouis-
« saient de ne plus faire la guerre, cette
« fois, chez des amis, comme en Italie, mais
« chez des ennemis où le pillage ne serait
« plus un crime » (1). Il semblait tout
naturel aux Français d'entrer dans Berlin
tambour battant et enseignes déployées,
après trois ou quatre grandes victoires;
c'est à coups de crosses dans le dos que
l'Allemand devait être reconduit là-bas (2).
On disait que l'empereur avait déclaré qu'il
ne ferait la paix qu'à Kœnigsberg (3).
D'autres choisissaient Tilsit comme l'endroit
où le traité de paix devait être signé (4). Le
Pays préparait, déjà le 8 juin, les four-
ches caudines pour la Prusse et voyait
« les chevaux français s'abreuver dans les

---

(1) MONOD, *Allemands et Français*. Paris, 1872,
p. 110 et suiv. — (2) SARCEY, p. 2. — (3) *Journal de
Genève*, 27 juillet. — (4) *Illustration*, vol. 56,
p. 118.

flots du Rhin (1) ». Il n'est bon bourgeois qui, vingt fois en quelques heures, n'ait passé le Rhin, pris une demi-douzaine de forteresses, livré deux grandes batailles au moins, et fait à Berlin son entrée triomphale, un bouquet dans le canon du chassepot (2). M. de Girardin annonçait la fondation d'un nouveau journal, *la Victoire*, dont le premier numéro paraîtrait le jour où la nouvelle de la première victoire parviendrait à Paris (3). On répartissait déjà le butin. « Les rédacteurs du *Pays* se frottaient « les mains ; il s'agissait bien du prince de « Hohenzollern ! Il nous fallait le Rhin, et « la Belgique par-dessus le marché ! (4). » D'autres organes se contentaient du Palatinat et de la Prusse rhénane ; les plus modestes déclaraient être satisfaits de la neutralisation des provinces du Rhin (5). Il fallait aussi reprendre à la Prusse la souveraineté militaire qu'elle s'était arro-

---

(1) *Journal de Genève*, 10 juillet. — (2) *Illustration*, vol. 56, p. 50. — (3) *Charivari*, 28 juillet 1870. — (4) *Illustration*, vol. 56, p. 51. Comp. aussi HIRTH, I, 396 (*Siècle* du 24 juillet), I, 965. GIRARDIN dans la *Liberté* du 12 août. — (5) *Journal de Genève*, 29 juillet.

gée en Allemagne. Ce ne sera pas tout : la Prusse aura à rembourser aux pays qu'elle a dévastés, saccagés, aux habitants qu'elle a volés et ruinés, ce que leur a coûté cette guerre inique et sauvage (1). A l'arrière-plan des victoires de la France, les idéalistes entrevoyaient le désarmement général de l'Europe (2).

(1) *Illustration*, vol. 56, p. 190. — (2) *Illustration*, 23 juillet, vol. 56, p. 79.

III.— PREMIÈRES DÉSILLUSIONS

ET ACCÈS DE FUREUR.

LA CRAINTE DES PRUSSIENS.

Après des espérances pareilles, les échecs subis par les armées françaises devaient amener une réaction terrible.

Le fait que les États du Sud, surtout la Bavière, se joignirent à la Confédération du Nord, causa la première déception. Le dépit qu'on en ressentit ne chercha pas à se cacher. On accusa de servilisme les princes de la Confédération du Sud ; on leur avait, disait-on, posé l'alternative catégoriquement : « Ou vous nous donnerez vos
« armées, en ayant soin, par-dessus le
« marché, d'en abandonner le commande-
« ment en chef, ou, si la Prusse est victo-
« rieuse, elle vous arrachera à tous vos
« couronnes de carton doré.... Devant cette
« sommation, les roitelets et grands-ducs,
« faisant naturellement passer leur trône
« avant les intérêts de leurs peuples, se

« sont inclinés jusqu'à terre et ont baisé la
« botte du papa Guillaume (1). » « Le roi de
« Bavière va faire casser la mâchoire à ses
« soldats, pour le plus grand plaisir du roi
« de Prusse. Il a pourtant fait savoir à son
« cousin qu'il mettait à son concours la
« condition que la Bavière aurait une part
« dans l'indemnité de guerre éventuelle ! »
« Ah ! pour le coup, s'écrie A. Pougin, dans
« le *Charivari* du 2 août (2), je n'y tiens
« plus, et je me tords de rire. Oui, chéri,
« tu auras ta part de ce que la France réserve
« à la Prusse ; oui, sois tranquille, on pense
« à toi, on ne te frustrera pas ; tu seras
« servi à souhait ; oui, tu auras ce que tu
« demandes, et peut-être encore plus que
« tu ne demandes. Seulement, je t'en con-
« jure, ne continue pas sur ce ton-là, parce
« que j'en ai assez ri et que ça me ferait mal
« de rire davantage. » Pour se consoler des
désillusions, on se mit à rabaisser la valeur
des forces allemandes et on montra que la
France pouvait conclure des alliances. Ainsi
on parlait d'une alliance offensive et défen-
sive avec le Danemark, où la déclaration de

(1) *Charivari*, 4 août 1870.— (2) *Charivari*, 2 août.

guerre avait été, disait-on, accueillie comme un jour de fête. On espérait que l'arrivée d'une flotte française dans la Baltique amènerait une explosion de sentiments populaires assez puissante pour forcer à la guerre le roi Christian (1). On représentait la belle et vaillante armée de l'Autriche comme très disposée à prendre une revanche et l'aristocratie de ce pays comme « furieuse de « l'insolence de l'héritier des margraves de « Brandebourg, ces souverains parvenus (2) ». Une alliance avec l'Italie fut de nouveau considérée comme sûre (3).

Bientôt survinrent d'autres désenchantements. La fausse nouvelle d'une victoire était arrivée à Paris. Toute la population, affolée de joie, courait éperdue, sans savoir où. « On se serrait les mains, on s'embras-
« sait en pleurant de joie, sans se connaître.
« Sur la place de la Bourse, la foule était
« énorme; elle agitait ses chapeaux en l'air,
« et criait. On reconnut madame Gueymard
« dans une voiture découverte, et on lui
« demanda la *Marseillaise* ; elle l'entonna
« de sa voix puissante, et cinquante mille

(1) *Illustration*, vol. 56, p. 91. — (2) LECLERCQ, ouvrage cité, p. 42.— (3) *Le Gaulois*, 17 juillet 1870.

« hommes en reprenaient le refrain en
« chœur. Toutes les maisons s'étaient, comme
« par enchantement, pavoisées de drapeaux ;
« imaginez les manifestations les plus
« bruyantes, les plus tumultueuses, d'une
« joie qui tenait du délire. » La nouvelle était fausse. « Le bruit en courut,
« comme une traînée de poudre, d'un bout
« à l'autre de la ville. On se précipita au
« ministère, aux rédactions des journaux,
« dans tous les lieux où il était permis
« d'espérer des renseignements vrais. Il
« fallut bien se rendre... De l'extrême joie,
« on passa tout d'un coup à un accès
« de fureur qui ne saurait se peindre. La
« foule eût étranglé les ministres, si elle les
« avait tenus en ses mains. La décep-
« tion était trop forte » (1). La certitude des
défaites subies devait avoir un effet encore
plus terrible que la conviction qu'on avait
été induit en erreur par de fausses nouvelles.
Un désir féroce de vengeance, un mépris
haineux du vainqueur et de ses actions, des
soupçons de trahison, une fureur sans bornes contre Napoléon et ses partisans, la hantise des espions, une panique indescriptible,

(1) Sarcey, p. 7.

tels furent les sentiments qui s'emparèrent du peuple français. Ajoutez à cela une crédulité qui acceptait les inventions les plus invraisemblables, sources d'illusions nouvelles, suivies d'autres déceptions qui portaient les esprits au désespoir, à un abattement général et au scepticisme, et vous comprendrez sans peine que toutes ces émotions contraires devaient tenir, pendant toute la guerre, les esprits des Français dans un état d'agitation extraordinaire.

Lorsque la nouvelle des premières défaites arriva à Paris, il n'y eut plus d'injures assez fortes pour les Allemands. Tout sentiment d'équité disparut ; les mêmes personnes « qui trouvaient tout naturel de ravager les « provinces rhénanes et même de les con- « quérir, se mirent à crier au sacrilège, à la « violation du sol sacré de la patrie, à l'ou- « trage envers la civilisation, dont la France « tient le flambeau, etc. Les Allemands furent « représentés comme des barbares, des sau- « vages ; le vocabulaire de la langue ne « suffisait plus à la fureur des patriotes. Il « n'est pas de calomnie, pas de mensonge « qui contre eux ne fût de bonne guerre » (1).

(1) MONOD, *Ouvrage cité*, p. 111.

« Nous les appelions des Pandoures, des
« Huns, des Vandales ; et nous leur versions
« sur la tête toutes les injures que nous four-
« nissaient le vocabulaire et l'histoire ; de
« bonne foi, hélas ! combien peu d'entre nous
« étaient capables de se rendre compte des
« progrès que cette petite et humble Prusse,
« qui venait de se révéler tout à coup si for-
« midable, avait faits, non pas seulement dans
« le maniement des armes, mais encore dans
« les sciences et les arts, qui sont l'hon-
« neur de la paix ! » (1). On appelait les
soldats allemands : brigands, bandits, incen-
diaires, voleurs, assassins, tigres à faces
humaines, cannibales, peaux-rouges, vio-
leurs de femmes, loups et renards, hyènes,
bêtes immondes ; on les nommait : voleurs
de pendules, brocanteurs, ivrognes ; ils
étaient, disait-on, gloutons, cruels, insen-
sibles, impitoyables, vils, parjures, men-
teurs, hypocrites, fanfarons, présomptueux, brutaux, envieux, mesquins, astu-
cieux, vindicatifs ; en un mot, les soldats
allemands étaient un composé de tout ce
qu'il y a de plus abominable au monde.

(1) SARCEY, *Ouvrage cité*, p. 11.

Pour chacun des défauts ou des vices mentionnés, on fournissait des exemples qui sont souvent devenus dans la suite le sujet de romans ou nouvelles ayant trait à la guerre. On répétait à qui voulait l'entendre que les Allemands pillaient tout et qu'ils revendaient les objets dérobés, à des juifs qui suivaient en masse l'armée ; qu'ils détruisaient tout ce qu'ils ne pouvaient emporter ; qu'ils avaient tout un système pour lever des contributions de guerre injustifiées ; qu'ils tiraient de préférence sur les parlementaires et les ambulances ; qu'ils massacraient et mutilaient les blessés et les malades ; que d'autres fois, pour pouvoir tirer de plus près sur les Français sans défiance, ils leur faisaient croire qu'ils voulaient se rendre, en levant en l'air la crosse de leurs fusils ; qu'ils tuaient des vieillards sans défense, des femmes et des enfants ; qu'ils mettaient sans nécessité le feu à des maisons et même à des villages entiers ; qu'ils maltraitaient les prisonniers et leur faisaient souffrir la faim et la soif, etc. (1). On fai-

(1) Comparez le *Recueil de documents* sur les

sait des descriptions comme celles d'A. Scholl, dans le *Journal de Paris*, du 1er août, d'après lesquelles chaque Prussien valait deux juifs, chaque employé de chemin de fer allemand se laissait gifler pour une pièce de cent sous; et où l'on apprenait que les chairs allemandes, faites de bière et de pommes de terre, exhalaient un parfum bizarre qui, chez les nobles, rappelait le porc salé (1). Le même journal prétendait que les généraux allemands faisaient camper dans la poussière et la boue leurs troupes, qu'ils avaient affamées, puis qu'à un certain moment on les lâchait en leur disant : « Là-bas, chez

---

exactions, vols et cruautés des armées prussiennes en France, Bordeaux, 1871, et la liste des méfaits dressée par Chaudordy, dans sa circulaire du 29 mars 1870, aux représentants de la France à l'étranger. Des horreurs semblables furent aussi reprochées aux Français de la part des Allemands. Comparez la circulaire officielle de Bismarck du 9 janvier 1871, dans HIRTH, III, 4575 et suiv. et les documents qui s'y rapportent, III, 4582 et suiv. et encore III, 5148 et suiv. Du reste les feuilles françaises se plaignent fréquemment des mauvais traitements et des brigandages que commettaient les soldats français eux-mêmes dans leur propre pays. Comparez par exemple le général des Pallières dans HIRTH, III, 3725. — (1) LECLERCQ p. 76.

« les Français, il y a à manger, et vous
« serez dix contre un (1) ». Edmond About
peignait les Allemands plus en détail dans
sa « Sainte colère ». Voici à peu près quel
était ce langage : « Nous ne connaissions
« pas nos ennemis ; nous étions assez naïfs
« pour croire qu'ils nous ressemblaient en
« quelque sorte. Dans l'ivresse du succès,
« ils ont jeté le masque ; maintenant nous
« pouvons lire dans leur âme. Ce roi dévot,
« qui offre à Dieu toutes ses victoires, ces
« généraux gentillâtres, qui se vantent de
« vouloir nous civiliser avec le sabre, ces
« apôtres du droit divin, qui remplissent
« leurs poches de couronnes volées, ces
« patriotes allemands, qui ont plongé leurs
« bras jusqu'au coude dans le sang alle-
« mand, ne sont que des barbares en uni-
« formes, des bandits habillés en soldats,
« des Tartufes cuirassés, des Basiles bottés.
« Leurs armes favorites sont le mensonge,
« la corruption, la délation. De la civilisa-
« tion moderne, ils ne se sont approprié que
« les progrès dans l'art de détruire ; ils ont
« conservé les instincts bas et les mauvaises

(1) *Ibidem*, p. 104.

« convoitises des sauvages ; ils honorent
« l'espion et fusillent comme insurgé le
« citoyen qui défend sa patrie. Ils punissent
« comme crimes le dévouement et l'hé-
« roïsme et insultent au courage malheu-
« reux. En vrais fils des Goths, qui ont dévasté
« l'Europe au VIe siècle, ils ont gardé toutes
« les mœurs des Barbares, l'honneur excepté.
« Nous savons maintenant ce qu'ils veulent
« de nous : tout ce que nous possédons. Jus-
« qu'à présent, ils ont dévasté deux provinces
« seulement, maintenant ils marchent sur
« Paris, pour exécuter un grand coup. Ils se
« partagent déjà d'avance les mille millions
« de la Banque et comptent sur l'absurde
« centralisation du pays pour extorquer deux
« ou trois fois autant, quand ils auront pris
« Paris. C'est ainsi que les bandits grecs et
« italiens forcent les familles riches à payer,
« quand ils tiennent les chefs de ces familles
« dans leurs sales pattes. Quelle différence y
« a-t-il entre un général allemand et un Par-
« latore ou un Takos Arvanitaki ? La même
« qu'entre un grand voleur et un petit. Les
« moyens sont les mêmes : marcher de nuit,
« manœuvrer dans l'obscurité des bois, tou-
« jours la ruse, des attaques de quatre contre

« un, l'assassinat, l'incendie, le pillage. La
« France sait tout cela. Nous connaissons
« cette engeance de gredins à qui nous avons
« affaire, et, comme ils nous demandent la
« bourse et la vie, nous nous efforcerons
« d'exterminer d'abord l'armée prussienne,
« puis la Prusse... Nous irons à Berlin, pour
« écraser cette barbarie dans son nid. Les
« Bavarois sont devenus les valets de la
« Prusse, et les Wurtembergeois aussi se
« sont accordé le plaisir de faire irruption
« dans notre pays. Ces cabaretiers, ces maque-
« reaux, ces contrebandiers de Bade et de
« Kehl, qui essuyaient nos bottes avec leurs
« moustaches, quand nous prodiguions notre
« or chez eux, sont venus pour charger sur
« leurs chariots le butin de la noble France.
« Ce sont les corbeaux de l'ennemi. Nous
« rendrons tout avec usure à cette sale gueu-
« saille... Si la France ne peut sauver la civi-
« lisation qu'en écrasant toute cette vermine
« germanique, il faut que, le 1er janvier 1871,
« l'Europe soit délivrée de tous ces Hohen-
« zollern, ces hobereaux, ces jésuites cas-
« qués » (1). Le *Journal de Paris*, du 19 sep-

(1) Hirth, II, 1628; Pfaff, p. 181 et suiv.

tembre, faisait de nos uhlans une description qu'on croyait vraie et qui a même servi de sujet à un roman de haute fantaisie (1); il s'exprimait à peu près ainsi :
« Les uhlans sont des flibustiers patentés,
« qui n'obéissent à aucun général, à aucune
« discipline, s'enrôlent, s'équipent, s'entre-
« tiennent à leurs frais, font la guerre pour
« leur propre compte, ne la font que pour le
« butin et gardent comme de bonne prise
« tout ce que la chance leur offre. Ce sont en
« un mot des corsaires de terre : leur patente
« est la lettre de marque. Les peuples civili-
« sés ont eu raison de considérer les cor-
« saires comme des pirates organisés, et ils
« les ont fait disparaître. On a oublié les
« uhlans, et la Prusse sait en profiter. Jamais
« on ne trouve parmi les uhlans un homme
« bien élevé, ou un officier d'avenir, ou une
« ombre de patriotisme. Ils pillent chez nous,
« ils pilleront chez eux. Ils vivent de la
« guerre. C'est pourquoi, immédiatement
« après la conclusion de la paix, on les licen-
« cie. Il se peut qu'on trouve parmi eux

(1) JOLIET, *Trois uhlans*. Paris, 1872. Voir le contenu dans mon ouvrage : *Nouvelles et romans français sur la guerre 1870-1871*, p. 193 et suiv.

« quelques braves, par hasard ; en général,
« ils n'ont que la bravoure du bandit » (1).

Après ces descriptions, il ne faut pas s'étonner de voir une terreur panique s'emparer de la population partout où se montraient des soldats allemands. Beaucoup de paysans croyaient très sérieusement qu'ils tomberaient sur le village pendant la nuit et qu'ils égorgeraient tout le monde (2). En Alsace, les habitants s'enfuyaient dans les forêts, dans les défilés des montagnes, sur les sommets des Vosges. « On disait que les femmes,
« que les jeunes filles étaient exposées à de
« véritables cruautés, à des mutilations barbares, sans parler des derniers outrages.
« A Nancy, des rumeurs arrivaient en même
« temps que la nouvelle du désastre de
« Mac-Mahon et y causaient une panique
« générale. Les routes se couvraient de
« fugitifs ; les mères envoyaient leurs enfants vers le centre de la France, ou les
« emmenaient elles-mêmes. Une foule
« anxieuse assiégeait les gares où s'amoncelaient des montagnes de bagages. Une

---

(1) Pfaff, p. 217. — (2) Zola, *Soirées de Médan*, 10ᵉ édit., p. 13.

« partie de la population d'Obernai s'enfuit
« à la seule nouvelle de l'approche des
« Prussiens. Le soir, les fugitifs, n'ayant
« aperçu du haut de la montagne aucun
« mouvement de troupes, revenaient un peu
« honteux de leur précipitation » (1). La
panique était tout aussi effroyable à Château-Salins. « Au premier cri d'alarme, on
« s'était vite sauvé de chez soi, sans rien
« emporter, quelques-uns tête nue. Ces gens
« ne regardaient même pas derrière eux ; en
« avant, ils ne voyaient rien, ils fuyaient.
« Si on leur demandait ce qu'ils craignaient,
« ils ne pouvaient le dire, — où ils allaient,
« ils n'en savaient rien. On nous a raconté
« que des habitants de Chambéry et de
« Château-Salins s'étaient en même temps
« réfugiés dans le bois de Chambéry, limi-
« trophe des deux communes. A l'insu l'une
« de l'autre, les deux troupes s'étaient ins-
« tallées chacune dans une partie du bois,
« avec ses meubles et ses bestiaux, et atten-
« daient. Mais en entendant, chacune de son
« côté à travers le feuillage, des voix qu'elles

(1) *Revue des Deux-Mondes*, 1870, vol. 89, p. 607.
Voyez Texier, dans Hirth, sur la *Panique de Nancy*,
I, 303.

« ne connaissaient pas, la panique les reprit,
« et, se tournant le dos, elles recommen-
« cèrent à fuir. De hauts fonctionnaires ne
« montrèrent pas plus de courage » (1).
Lorsque, à Chesne, dans les Ardennes, un
courrier annonça au maire l'approche d'une
avant-garde ennemie, la stupeur fut générale. « Jamais chroniqueur du XVIe siècle n'a
« décrit plus d'horreurs que n'en imaginaient
« les pauvres habitants désespérés... Les
« jeunes gens de 20 à 35 ans s'enfuirent
« vers Rethel; on dit que les Prussiens les
« mettaient sur le front de leur armée (2).
« Les propriétaires conduisent leurs chevaux
« dans des champs écartés pour échapper aux

(1) *Revue des Deux-Mondes*, 1871, vol. 92, p. 143
et suiv. — (2) Le *Constitutionnel* se faisait écrire
la même chose de Metz, le 7 août : « Pour rem-
« plir les vides que nos armes avaient faits dans
« leurs rangs, plusieurs de leurs colonels ont
« fait habiller nos prisonniers en Prussiens, avec
« les habits pris aux morts, puis les ont placés au
« premier rang et forcés de marcher contre nous. Un
« de ces prisonniers a réussi à s'échapper; il vint hier
« à Boulay et raconta l'histoire. Outre cela les Prus-
« siens enlèvent tous les jeunes gens valides qu'ils
« trouvent dans nos villes et les envoient en Prusse,
« pour en faire des recrues. » Comp. HIRTH, I, 876.
PFAFF, p. 113.

« réquisitions. On démonte les voitures; on
« jette une roue dans un fossé, une autre plus
« loin, la caisse ailleurs; les maisons arbo-
« rent le drapeau des ambulances, la grande
« rue de Chesne semble parée pour une pro-
« cession : les familles se groupent, les fem-
« mes dont les maris sont partis vont s'éta-
« blir chez des voisins. Le propriétaire du
« Café de France efface son enseigne; divers
« marchands font de même. Le receveur des
« domaines enlève sa pancarte, on cache les
« armes, on cache l'argent et les vivres. A
« sept heures, nous traversons la grande rue :
« elle est déserte, tout est morne, le silence
« est absolu, on n'aperçoit pas une lu-
« mière » (1). Les habitants de Clermont
prirent pour des Prussiens leurs propres
compatriotes, des employés d'ambulance.
« On se précipite dans les rues à leur ren-
« contre, et les femmes viennent les supplier
« de ne pas leur faire de mal et de traiter la
« ville avec douceur. » Au Chêne-Populeux,
on prit les ambulances françaises pour un

(1) *Revue des Deux-Mondes*, vol. 90, p. 223 et
suiv. — Sur la fuite de la population civile pendant
la bataille de Sedan, etc., comp. HIRTH, II, 1609 et
suiv.

corps de 8,000 Prussiens (1). Les habitants de Châteaudun n'eurent pas une angoisse moins grande. « Le 28 septembre, à 9 heures, « les boutiques de cette ville se fermèrent « violemment et les portes claquèrent comme « au vent précurseur de la tempête, les gens « effarés s'enfuyaient par les rues. Les Prus- « siens, disait-on, étaient à la gare : cent cin- « quante, selon les uns, huit cents, selon « d'autres, mieux informés. Le poste de « l'Hôtel de Ville se jette un peu confusé- « ment sur ses armes... Les huit cents Prus- « siens étaient un mirage. Une sentinelle « hallucinée avait pris quelques tas de fu- « mier, symétriquement espacés dans la plai- « ne, pour des pelotons d'infanterie » (2). Le 29 septembre, dans cette même ville, un officier prit un bonnet de femme pour des cuirassiers prussiens ; le facteur d'Orgères se sauva à toutes jambes devant cinq uhlans, qui étaient en réalité cinq gendarmes fran- çais, et un employé crut voir dans les ailes d'un moulin à vent un escadron qui accou- rait au galop (3). D'après les récits d'un

(1) MONOD, p. 19 et suiv.— (2) MONTARLOT, *Journal de l'invasion*. Châteaudun, 1871, p. 13 et suiv. — (3) MONTARLOT, ouvrage cité, p. 15.

pasteur français au *Times*, la terreur était si grande qu'on n'entendait parler que de suicides de malheureux devenus fous, de femmes qui se sont jetées dans les puits à l'approche de l'ennemi (1). Les gens de Rouen furent de sens plus rassis. « La garde
« nationale qui, depuis deux mois, faisait
« des reconnaissances très prudentes dans
« les bois voisins, fusillant parfois ses
« propres sentinelles, et se préparant au
« combat quand un petit lapin remuait dans
« les broussailles, était, à l'approche des
« Allemands, rentrée dans ses foyers. Ses
« armes, ses uniformes, tout son attirail
« meurtrier, dont elle épouvantait naguère
« les bornes des routes nationales à trois
« lieues à la ronde, avaient subitement dis-
« paru. Les bourgeois bedonnants atten-
« daient anxieusement les vainqueurs, trem-
« blant qu'on ne considérât comme une
« arme leurs broches à rôtir ou leurs grands
« couteaux de cuisine » (2). Il en fut de même dans d'autres villes. Mais la palme de la prudence appartint aux riches proprié-

---

(1) *Revue des Deux-Mondes*, vol. 90, p. 566. —
(2) Guy de Maupassant, dans les *Soirées de Médan*, p. 54 et suiv.

taires de villas autour de Paris. « Ils arran-
« gèrent presque tous leurs maisons pour
« bien recevoir les hôtes qui se prépa-
« raient à y descendre, et les disposer à n'y
« faire aucun dégât. Ils murèrent la cave
« aux vins fins, mais emplirent l'autre de
« tonneaux et de bouteilles pleines. Ils lais-
« sèrent toutes les clefs sur les armoires,
« qui regorgeaient de linge. Quelques-uns
« même poussèrent l'attention jusqu'à ou-
« blier négligemment sur le dressoir des
« pots de leurs meilleures confitures, et
« quelques flacons de liqueurs de ménage.
« On supposait que ces attentions déli-
« cates attendriraient les farouches vain-
« queurs » (1).

(1) SARCEY, p. 63.

IV. — L'ARMÉE ALLEMANDE

Dans les endroits où la population française resta dans ses foyers, elle fut agréablement surprise à l'arrivée de ces Allemands, qu'on lui avait dépeints avec des couleurs si effrayantes. On s'efforçait, il est vrai, autant que possible, de maintenir comme pleinement justifiées les descriptions qu'on avait faites des étrangers. On observait et jugeait les envahisseurs avec toute la sévérité imaginable, mais, malgré tout ce qu'on retranchait de leurs bonnes qualités, on était obligé de leu   laisser un nombre assez respectable. A l'aide des descriptions que nous trouvons dans les ouvrages français sur la guerre, on pourrait prouver que le soldat allemand est, non seulement le premier du monde, mais aussi qu'il brille par la possession de toutes les vertus imaginables. Il est vrai que cela ne se ferait pas sans peine; mais ces éloges, décernés à contre-cœur, ont le mérite de la sincérité, mérite que les Français ne réclament guère pour les opinions opposées. — Nous nous bornons à répéter brièvement quels étaient les bons côtés qu'on observait le plus souvent chez les Allemands et qu'on était le plus généralement disposé à leur reconnaître. Nous avons vu plus haut quelle frayeur précéda les Prussiens à Chesne, par exemple. Les habitants de ce village virent plus tard que cette terreur était exagérée. « Les nouveaux hôtes ne « cherchaient point à effrayer le village ; « quelques-uns, qui parlaient français, « adressaient même des paroles polies aux « habitants, et les plaisantaient sur leur « peur » (1). Après avoir entendu dire que les soldats allemands étaient exténués et misérables, cassés comme des vieillards et faibles comme des enfants, on trouva avec étonnement qu'ils étaient vigoureux, bien nourris, et avaient un air de santé. Aubertin avait bien raison de dire que c'était un singulier moyen pour se préparer à vaincre un ennemi, que de commencer par en faire une caricature (2). Les soldats français eux-mêmes ne pouvaient s'empêcher d'admirer le bon air des guerriers allemands (3) ;

---

(1) Dumont dans la *Revue des Deux-Mondes*, vol. 90, p. 224. — (2) *Revue des Deux-Mondes*, vol. 92, p. 356. — (3) Monod, p. 115 et suiv.

Monod (1) les comparait à des « hommes
« qui combattent contre des enfants ». On
faisait l'éloge de la bonne mine des soldats
allemands de presque toutes les armes (2).
Tout d'abord on était frappé de l'arrangement pratique de leur équipement guerrier,
de la solidité de leur démarche : les corps de
musique qui précédaient la troupe avaient
cependant moins d'admirateurs. L'auteur
de *Versailles pendant l'occupation* (3) qui,
il est vrai, n'avait pas une grande sympathie pour les Allemands, remarquait
que les tons hauts et grêles des fifres et la
trivialité des airs donnaient aux marches
des soldats allemands quelque chose de
ridicule ; que la monotonie de cette musique criarde rappelait involontairement les
orchestres de foire. On trouvait aussi que
les fanfares des régiments allemands, avec
leurs polkas et leurs valses, n'étaient pas
supérieures aux plus mauvais orchestres des
fêtes champêtres dans la Forêt-Noire (4).

(1) *Ibidem*, p. 70. — (2) Comparez Montarlot, p. 82, 166, 178, 188, 195, 267. — (3) *Versailles
pendant l'occupation*. Versailles, 1872, p. 27. Comparez aussi Montarlot, p. 247.—(4) Dumont. *Revue
des Deux-Mondes*, vol. 90, p. 236.

En revanche, la marche des bataillons allemands, à leur entrée dans les villes, inspirait d'autant plus de respect : « Leur marche
« est lourde, mais d'une régularité qu'on ne
« saurait trouver en défaut. Tous les pieds
« se lèvent simultanément, comme sous
« l'impression d'un ressort, tous les bras se
« meuvent dans un invariable rayon, chaque
« homme imprime à ses larges épaules une
« sorte de roulis qui donne à la troupe
« entière, hérissée d'étincelantes baïonnettes,
« je ne sais quelle tournure irrésistible et
« martiale » (1). Au cri de *halt*, ils demeurent
« comme pétrifiés. L'arrêt est exécuté avec
« un ensemble si merveilleux qu'il arrache
« aux spectateurs un murmure d'admira-
« tion » (2). Plusieurs trouvaient que le casque à pointe, dont on s'était tant moqué, était tout ce qu'il y avait de meilleur comme coiffure militaire, bien supérieure au casque à chenille des Bavarois, qui prêtait à rire à cause de sa forme démodée. On louait comme très pratiques les fortes bottes des fantassins prussiens, leurs larges tuniques, leurs amples manteaux de gros drap foncé, tandis qu'on

(1) MONTARLOT, p. 267. — (2) *Ibidem*, p. 268.

était moins enchanté du bonnet de police plat de l'armée allemande. On admirait le soin avec lequel les soldats étaient fournis de toute espèce de sous-vêtements de laine. Un capitaine de turcos qui, en hiver, regardait des prisonniers allemands se déshabiller, trouva qu'ils avaient une étonnante quantité de chemises de flanelle, de gilets de santé et de paires de bas superposés : « Chacun d'eux, avec sa défroque, aurait pu « monter un magasin » (1). Le marquis de « Belleval découvre sous l'uniforme d'un uhlan : « deux chemises de flanelle, un tricot, « deux caleçons de flanelle et d'épaisses « chaussettes de laine » (2). Mézières vit même des sentinelles prussiennes enveloppées de vêtements si épais « que l'uniforme « tout seul aurait pu se tenir debout (3) ». On s'assura que les autres armes étaient aussi bien pourvues que l'infanterie. On vit avec quel soin les soldats ménageaient leurs uniformes, et l'on découvrit que, sous leur tunique, les soldats avaient l'habitude de porter une camisole de toile blanche;

---

(1) AUBERTIN dans la *Revue des Deux-Mondes*, vol. 92, p. 356 et suiv. — (2) *Ibidem*, p. 181. — (3) *Revue des Deux-Mondes*, vol. 92, p. 76.

aux étapes, ils quittaient la tunique et ne gardaient, pour faire les menus ouvrages, que la camisole; de la sorte l'uniforme restait en bon état et le soldat pouvait frapper par sa bonne tenue (1). On eut souvent l'occasion de remarquer les figures larges et vermeilles (2) des soldats allemands dont on trouvait le physique un peu pesant. Ces visages étaient ornés de moustaches jaunes, souvent hérissées, ou bien la barbe était complète. Quelques-uns de ces ennemis étaient frais et blonds comme des petits garçons, d'autres, aux larges épaules, aux allures superbes et martiales, faisaient penser aux héros des Nibelungen (3), par Schnorr ; d'autres enfin offraient des figures patibulaires, avec des nez camards et des yeux enfoncés sous des sourcils velus. Montarlot a observé cette dernière espèce surtout parmi les soldats du train (4).

On fit ensuite quantité d'autres découvertes chez les soldats qu'on avait à loger.

---

(1) DUMONT dans la *Revue des Deux-Mondes*, vol. 90, p. 233. — (2) MONTARLOT, p. 269. — ACHARD, *Récits d'un soldat* Paris, 1871, p. 57. — (3) MONTARLOT, p. 101, 188. — (4) MONTARLOT, p. 247 et suiv.

D'abord on remarqua en eux une sorte de
« parfum de sauvage »(1), rappelant le suif
rance ou le cuir mouillé (2), ou, selon d'autres (3), un composé de tabac, de lard et de
cuir, et cette odeur était si forte qu'elle s'attachait avec une ténacité extraordinaire aux
meubles et aux murs. Notre source appelle
« odeur prussienne » cette odeur, qu'elle
attribue à la nourriture des soldats et à leurs
habitudes uniformes. La langue des Allemands paraissait toujours aux Français
rude, rauque et gutturale, « comparable au
broiement de cailloux par un rouleau com-
presseur » (4).

Les mots qui sortaient le plus souvent de
la bouche des étrangers étaient « manger »
et « boire » ; ces mots s'expliquaient assez
par l'appétit étonnant et la soif encore plus
surprenante dont les guerriers allemands
étaient doués. Les récits que les Français
font de la guerre sont remplis de considérations sur l'incroyable capacité digestive des
estomacs des Allemands. La landwehr

---

(1) DROUAUD, *En pays envahi*, Paris, 1890, p. 114 et
suiv.— (2) MONTARLOT, p. 180.— (3) *Versailles pendant
l'occupation*, p. 79, note. — (4) MONTARLOT, p. 179.

paraissait surpasser en cela les autres corps. « Cependant une soupe à la graisse de porc, « un morceau de porc flanqué de pommes « de terre, une tranche de fromage de porc « et une aune de boudin constituaient un « menu essentiellement varié et de nature « à satisfaire les appétits les plus déli- « cats. Une salade assaisonnée d'un vi- « naigre à faire éclater des roches est venue « rafraîchir à propos le palais de ces con- « vives. Plusieurs litres de café et quelques « bouteilles de vin de Châteaudun, auquel « un mélange secret d'eau claire enlevait « toute influence capiteuse, favorisait leur « déglutition » (1). Le boudin avait le privilège de leur causer une joie qui allait jusqu'au délire. Le repas dévoré, on sortait ordinairement les cartes, avec lesquelles on aurait pu faire un second potage, et la digestion se faisait pendant ce temps. Ce qui surprenait le plus les Français, après la prédilection des Allemands pour la charcuterie qui, étant en France de qualité inférieure, n'y jouit que de peu de considération, c'était de voir les soldats manger de la viande et du lard

(1) *Ibidem.*

crus (1). Drouaud (2) vit même un soldat allemand qui avait tant mangé de lard qu'il en étouffait. Les officiers allemands avaient un appétit qui ne le cédait en rien à celui de leurs soldats, aussi se faisaient-ils servir chez les bourgeois de vrais festins de Balthazar. La soif allemande l'emportait cependant encore sur l'appétit. Les simples soldats se contentaient, nous l'avons vu, des vins les plus ordinaires, et d'un café qu'on fabriquait « en jetant quelques seaux d'eau sur un marc qui sert éternellement au même usage » (3). Les officiers allemands, en revanche, absorbaient des flots de champagne, en dédaignant les autres nobles crus (4). A Nancy (5) ils en consommèrent plus en six semaines que la Champagne n'en produit en cinq ans ; mais leurs palais n'étaient pas difficiles. A l'occasion d'une victoire qu'on fêtait dans cette ville, ils voulurent absolument avoir leur boisson favorite. Ce fut en vain que l'hôtesse leur assura qu'il n'y en

---

(1) *Versailles*, etc., p. 22 ; MONTARLOT, p. 166, 230 et suiv. — (2) *Ouvrage cité*, p. 166. — (3) MONTARLOT, p. 231. — (4) AUBERTIN, *Revue des Deux-Mondes*, vol. 92, p. 357 et suiv. — (5) DROUAUD, *Ouvrage cité*, p. 126.

avait plus. Enfin, un beau-frère de l'hôtesse se chargea de les satisfaire. Il leur fabriqua promptement les 300 bouteilles demandées (la bouteille à 20 francs) : « Buvez, se disait-
« il, en entendant leurs chansons bachiques
« et leurs rudes hourras, buvez ; ce que je
« vous ai confectionné est bon pour vous ;
« le champagne qui me reste coulera quand
« les Français reviendront, en attendant
« vous me payerez dix fois sa valeur ! » En hiver une nouvelle particularité vint s'ajouter à l'odeur, à l'appétit et à la soif des Allemands, ce fut un incroyable besoin de chaleur. Il leur fallait une quantité énorme de combustibles. « Ces gens du Nord, habi-
« tués à la forte chaleur de leurs poêles de
« faïence, mouraient de froid en face de
« nos cheminées. Nuit et jour, il fallait
« entretenir dans leurs chambres de véri-
« tables brasiers où les bûches s'engouf-
« fraient par centaines. Tous les marbres
« des cheminées ont éclaté, et la provision
« de bois de deux ans a disparu en quinze
« jours »(1). « Ignorant l'usage des cheminées
« et des chenets, inconnus dans leur pays, ils

(1) MÉZIÈRES dans la *Revue des Deux-Mondes,* vol. 92, p. 77.

« ne savaient pas disposer le feu comme il
« convient ; certains entassaient les bûches
« les unes sur les autres jusque dans le
« corps de la cheminée, ou bien ils les ran-
« geaient debout côte à côte ; d'autres pre-
« naient le rideau pour une porte de poêle
« et le laissaient constamment baissé » (1).
Malgré cette énorme combustion de maté-
riaux, officiers et soldats se plaignaient continuellement à Versailles de n'avoir pas des
chambres suffisamment chauffées, et clôtures
et meubles étaient jetés aux flammes insa-
tiables, qu'on entretenait comme le feu sacré
de Vesta. Quand les Allemands avaient enfin
gagné leur gîte, des ronflements formidables
annonçaient aussitôt qu'ils étaient plongés
dans le sommeil.

Bientôt on fit aussi des découvertes sur la
manière de penser et d'agir des étrangers,
sur leurs qualités et leurs défauts. On admirait l'insouciance et la gaieté avec lesquelles
ils allaient et venaient en pays ennemi,
gaieté et insouciance qu'on retrouvait même
chez les *hussards de la mort* (c'est-à-dire
les hussards noirs) (2). Chez le bourgeois,

---

(1) *Versailles,* p. 89. — (2) MONTARLOT, p. 81.

on les voyait assidûment occupés à brosser, à fourbir et à laver, et il n'était pas rare de les voir se charger d'une partie de la besogne de leurs hôtesses. C'était surtout le cas des hommes de la landwehr qui, à Châteaudun, allaient régulièrement se coucher déjà à 7 heures, de manière que, passé cette heure, le silence de la nuit n'était plus troublé que par le miaulement des chats. En travaillant, les soldats fumaient à grandes bouffées; le mouchoir de poche était élégamment remplacé par les doigts (1). Les soldats logés chez le bourgeois causaient volontiers avec leurs hôtes. « Souvent, dans
« les longues soirées d'hiver, lorsque la
« neige forçait la guerre à chômer, les Alle-
« mands (Badois), assis au foyer français et
« touchés du regret de leur foyer allemand,
« laissaient parler en eux la nature ; ils
« devenaient alors expansifs, débonnaires,
« gens d'humeur pacifique, pleins de sou-
« venirs attendrissants : le soldat avait dis-
« paru, l'homme seul restait » (2). Ils montraient de la bonté, surtout pour les enfants, qui devenaient tout de suite leurs amis.

(1) *Ibidem,* p. 151. — (2) AUBERTIN, *Revue des Deux-Mondes,* vol. 92, p. 355.

Quand il n'y avait rien à manger dans une maison et qu'on se plaignait « à cause des enfants », la famille était sûre de ne pas souffrir de la faim. Les soldats s'amusaient avec les petits, les menaient à la promenade, se faisaient donner par eux des leçons de français et, plus d'une fois, la présence d'enfants dans une maison a transformé les ennemis en amis. Les hommes de la landwehr racontaient qu'eux aussi avaient des enfants à la maison : ils comptaient sur leurs doigts en disant : « Un, deux, trois », et puis « grands comme ça, et comme ça », en élevant graduellement la main pour indiquer la hauteur de leurs tailles (1). Ils étaient animés d'un noble et sérieux enthousiasme, qui avait fait bouillir leur sang au moment de l'injuste attaque des Français, et qui continuait à soutenir un grand nombre d'entre eux (2); mais, en général, ils montraient un grand amour de la paix. Quand fera-t-on la paix? tel était le refrain de toutes leurs conversations. « J'ai ren-
« contré, assure M. Monod, souvent chez les
« aumôniers, quelquefois chez les officiers, la

---

(1) MONOD, p. 66. et suiv. — (2) *Ibidem*, p. 112.

« haine contre les Français ; je ne l'ai point
« trouvée chez les soldats ; » « dans toutes les
« lettres allemandes que j'ai lues, il n'y
« avait pas une parole de haine. L'horreur
« de la guerre et le désir intense de la paix
« y étaient sans cesse exprimés » (1). C'est
surtout après la bataille de Sedan que
l'esprit de l'armée allemande était devenu
tout à fait pacifique. « Surprise d'un triom-
« phe aussi inattendu, elle se laissait fran-
« chement et naïvement aller à la joie ines-
« pérée que lui causait la fin d'une lutte, qui
« lui avait semblé devoir être aussi longue
« que redoutable » (2). Les soldats exprimaient leurs sentiments tout haut et bruyam-
ment : « Quelques-uns, à l'idée du retour,
« se mettaient même à danser d'un pas
« lourd ». Le bonheur de leurs armes ne
leur inspirait aucun orgueil. Malgré les victoires qu'ils venaient de remporter, ils
vaquaient à leur métier avec calme, comme
à la parade (3). Ils rendaient justice à leurs
adversaires. Monod dit qu'ils ne faisaient
aucune difficulté pour reconnaître la supé-

(1) *Ibidem*, p. 64 et suiv. — (2) Claretie. *Revue des Deux-Mondes*, vol. 91, p. 69 et suiv. — (3) V. Thiéry. *Après la défaite*. Paris, 1884, p. 19.

riorité des armes, du tir, même de la bravoure des Français. Ils plaignaient les pauvres diables de paysans qui devaient payer de leur vie leur résistance (1) ; ces sentiments ne nuisaient aucunement à leur amour de la patrie. « Dieu, la patrie, la famille, telle
« est la triple inspiration qui fait l'unité
« de l'armée et de la nation, et qui donne à
« leur esprit quelque chose d'élevé et de
« poétique. C'est la source de leur poésie
« populaire, et de leurs admirables *lieder*.
« Je ne les ai jamais entendus chanter... sans
« éprouver un sentiment d'envie, d'admira-
« tion et de sympathie. » « Que de larmes
« je leur ai vu répandre à la pensée du foyer
« lointain ? Comme ils étaient fiers de
« combattre tous ensemble pour la grande
« Allemagne ! » (2). Quand les Allemands n'étaient pas excités par une raison ou par une autre, les rencontres fâcheuses entre soldats et bourgeois étaient fort rares. « J'ai
« rarement entendu parler, dit Aubertin,
« de conflits engagés entre les bourgeois et
« les Allemands, de vols graves commis,
« d'injures faites aux personnes ; j'ai eu quel-

---

(1) MONTARLOT, p. 150. — (2) MONOD, p. 67.

« quefois l'occasion de voir, lorsqu'une
« plainte arrivait, l'officier qui en était saisi,
« se lever, boucler son ceinturon, prendre
« sa casquette, et, conduit par le plaignant
« ou la plaignante, infliger au coupable une
« punition militaire » (1). « Défense leur
« était faite de rien prendre de force » (2).
« Le respect des Allemands pour les femmes
« était, pour Monod, le trait le plus remar-
« quable de cette campagne; car c'est là
« une qualité nationale, et une des sources
« de la force de la race germanique. Il peut
« y avoir eu des crimes individuels commis,
« mais en sept mois de campagne, je n'en
« ai pas constaté un seul, ni entendu ra-
« conter un seul d'une manière positive.
« J'ai vu au contraire les femmes traitées
« avec un véritable respect, qui faisait
« l'étonnement des soldats français. Ce
« n'est pas nous qui ferions comme
« ça, m'ont-ils dit bien souvent » (3).
D'autres auteurs attribuaient la chasteté et

---

(1) *Revue des Deux-Mondes*, vol. 92, p. 355. —
(2) Drouaud, *Ouvrage cité*, p. 96. — (3) *Ouvrage cité*, p. 65 et suiv. Comp. aussi Borchardt, p. 87 et suiv.

la continence des soldats allemands à une simple particularité de race.

A ces bonnes qualités se joignait généralement chez les soldats allemands une culture intellectuelle élevée. Les attestations de Monod (1), confirmées par nombre d'autres auteurs français, ont la plus grande valeur. « Je savais, dit-il, avant la campagne, com-
« bien était élevé le niveau de l'instruction
« en Allemagne, mais je ne me doutais pas
« à quel point cette instruction universelle
« a développé l'esprit de la nation. Presque
« tous les soldats avaient sur eux des car-
« nets où ils prenaient des notes sur la
« campagne ; ils aimaient à lire et savaient
« tous écrire. Mais ce qui m'étonnait le
« plus, c'était la lucidité et la fermeté de
« leur esprit. Avec presque tous je pouvais
« causer avec intérêt, et l'exactitude des
« renseignements qu'ils me donnaient me
« prouvait que l'esprit critique, qui fait la
« gloire de la science allemande, a pénétré
« insensiblement dans toutes les couches de
« la société. Quand ils me racontaient un
« combat, ils savaient distinguer ce dont ils
« avaient été témoins oculaires, de ce qu'ils

(1) *Ouvrage cité*, p. 69 et suiv. et 72.

« avaient appris de seconde main, mais avec
« des garanties de certitude, et de ce qu'ils
« ne connaissaient que par ouï-dire. » Tandis que les Allemands donnaient à celui qui les interrogeait des réponses claires, précises et sûres, les Français se représentaient tout d'une manière confuse, exagérée, incomplète ; ils voyaient une chose vivement, mais rien que cette chose-là. Il n'y avait chez eux aucun esprit de discernement ni de critique ; ils croyaient tout et furent souvent les dupes de leur imagination. Les Français s'étonnaient surtout des connaissances des Allemands en géographie et dans les langues, connaissances qu'on ne trouvait point seulement chez les officiers (1). On se plaint souvent de la différence qui existe sous ce rapport entre les Français et les Allemands. Pigeonneau raconte (2) : « Vers deux heures de l'après-
« midi, trois hussards prussiens se présen-
« taient en parlementaires aux portes de
« Versailles. Ils étaient venus sans guide, à
« travers les bois, échappant aux patrouilles

(1) Comp. entre autres MONTARLOT, 139, 158 ; DROUAUD, p. 57. — (2) *Revue des Deux-Mondes*, vol. 92, p. 474.

« françaises qui erraient encore dans le voi-
« sinage. » « Peu de minutes après leur dé-
« part, un brigadier de hussards français
« débouchait au galop en face de la préfecture
« et demandait à grands cris la route de Pa-
« ris, que ni lui ni ses hommes ne connais-
« saient ». Claretie (1) rapporte, non sans
dépit : « Un officier saxon, passant à cheval,
« m'interroge : — D'où venez-vous ? — De la
« frontière de Belgique, en avant de la Cha-
« pelle. Il tire sa carte : Ah ! vous venez de
« Liège ? — Non ; Liège est beaucoup plus
« loin... Je sais, je sais bien. Mais vous venez
« d'un petit endroit nommé Liège ; il y a deux
« maisons, dont une maison de douanier.
« Et il replie sa carte. Un simple soldat de la
« landwehr s'approche, me demande la dis-
« tance qu'il y a entre Givonne et Sedan,
« puis entre Givonne et Bouillon, réfléchit,
« fait ses calculs et s'éloigne satisfait. Au
« moins il sait en quel endroit de la France
« il se trouve. Et voulez vous que je vous
« dise. Cet âpre désir de se renseigner, de
« s'instruire, d'apprendre, de savoir, cette
« sûreté et cette science m'humilie plus, me

(1) *Illustration*, vol. 56, p. 210.

« révolte plus, m'exaspère plus que leur
« force brutale. » Claretie aperçut plus tard,
à Givonne, un soldat prussien qui, assis sur
une commode, lisait un vieux numéro du
Petit Journal, en mangeant une grappe de raisin, tandis que Montarlot parle d'un simple
cuirassier qui charmait ses loisirs en jouant
du piano. Les officiers allemands et beaucoup de soldats parlaient français, souvent
presque sans accent et profitaient fréquemment de leur connaissance de la langue
pour écouter les conversations des gens du
pays et pour en tirer des renseignements.
Il y en avait qui traduisaient à vue et sans
hésitation des journaux français en allemand [1]. Denfert, le commandant de Belfort, étonné de cette connaissance générale
du français dans l'armée allemande, s'imaginait que les Allemands parlant français
étaient des descendants des réfugiés français et que les Prussiens s'en servaient pour
induire en erreur les avant-postes français.
Il prétendait que ces soldats lettrés précédaient les autres sans bruit et à la faveur de
l'obscurité ; qu'à un moment donné ils

[1] Sorel, *Revue des Deux-Mondes*, vol. 93, p. 287 ; Drouaud, p. 58, 112 et suiv.

criaient : « A nous, les mobiles ; France, à moi » et qu'ainsi ils parvenaient à faire prisonniers les pauvres soldats victimes de ce subterfuge (1).

Les bonnes qualités des Allemands se montraient aussi dans le malheur. La captivité ne faisait pas perdre contenance aux prisonniers prussiens. « Ils fraternisaient « avec les indigènes et se promenaient bras « dessus, bras dessous avec leurs ennemis « d'hier, sans perdre dans leur malheur une « bouffée de leurs pipes. D'autres fois, ils « avaient l'air indifférents ou curieux ; leur « mécontentement ne se montrait que quand « ils avaient été faits prisonniers par sur- « prise » (2). Ce n'est que rarement qu'on remarquait chez eux une vraie crainte, comme ce fut le cas de ce soldat terrifié, que Montarlot entendit à Châteaudun demander avec angoisse : « Pas caput ! Pas caput ! » (3). Ce mot, que les Allemands prenaient pour un terme très français, était plus souvent employé par eux, avec des gestes menaçants, vis-à-vis des francs-

---

(1) HIRTH, III, 4995. — (2) MONTARLOT, p. 33. — (3) *Ouvrage cité*, p. 132.

tireurs, par exemple, auxquels on donnait par là à entendre qu'on allait les pendre. La frayeur la plus grande paraît avoir été celle qu'éprouvèrent les prisonniers polonais dont parle l'auteur de *Bazaine et l'armée du Rhin*. Dans leur angoisse, ces pauvres gens baisaient la main d'un prêtre français, afin qu'il leur sauvât la vie (1). La fermeté du caractère allemand se montrait particulièrement dans les hôpitaux militaires. Les écrivains français admirent unanimement le courage et la résignation des blessés allemands. Montarlot a vu à Châteaudun un Bavarois qui avait au bras une plaie affreuse et qui, sans prononcer une parole et tout en fumant impassiblement sa pipe, supportait la douleur d'un pansement qui mettait sa chair à nu (2). De Belleval, qui a vu côte à côte des blessés français et des blessés prussiens, s'exprime en ces termes : « Les Prussiens étaient stoïques,
« ne se plaignaient pas et répondaient poli-
« ment et posément à toutes nos questions.
« En revanche, nos mobiles ne faisaient
« pas bon visage à la souffrance ; la plupart

---

(1) *Paris*, 1873, p. 65. — (2) P. 204.

« pleuraient et ceux qui geignaient le plus
« fort étaient les moins blessés » (1). Les détails les plus circonstanciés nous sont communiqués par le médecin militaire Monod. Lui aussi trouvait que les blessés français étaient beaucoup moins patients que les allemands (2), et il donne les exemples les plus frappants de la résignation des malades de cette dernière nationalité. « Nous
« avons trouvé chez tous les Allemands que
« nous avons eus à soigner une chaleureuse
« reconnaissance pour nos soins, et une
« patience inouïe pour supporter leurs
« souffrances. Jamais nous n'avons eu de
« malades plus faciles à soigner. Les souf-
« frances mettaient en lumière chez eux
« cette force d'âme, cette résignation silen-
« cieuse qui révèle des natures profondes
« et bien trempées. » « A cette énergie se
« joignait une rare tendresse de cœur, des
« effusions de sentiment auxquelles chez
« nous les hommes se laissent rarement aller.
« Presque tous nos blessés allemands sont
« devenus des amis pour nous, et c'est les
« larmes aux yeux qu'ils nous ont quittés.

(1) *Ouvrage cité*, p. 267.— (2) *Ouvrage cité*, p. 121.

« L'un d'eux, un soldat bavarois, avait les
« deux jambes brisées, ses blessures ne
« semblaient laisser aucun espoir. Quand
« on lui mit le premier appareil, il nous
« donna une cordiale poignée de main
« en disant. Tâchez de me sauver, je suis
« fils unique. Cet homme héroïque a subi
« sans se plaindre des souffrances inouïes
« et plus d'un mois sans sommeil. La mala-
« die le réduisit à n'être plus qu'un sque-
« lette ; mais son énergie le sauva ; il gué-
« rit. Cette nature de fer était douée d'une
« sensibilité toute féminine ; il ne pouvait
« parler de la patrie, de la famille, voir partir
« l'un de nous, sans se mettre à pleurer (1). »
A cette patience calme et résignée dans
leurs propres douleurs, les Allemands joi-
gnaient la sympathie la plus touchante pour
leurs ennemis malheureux. Les auteurs
français citent de fréquents exemples d'actes
de dévouement de la part de soldats
allemands, même grièvement blessés, vis-à-
vis de leurs adversaires également souf-
frants. Les médecins et infirmiers allemands ont aussi bien soigné les blessés

(1) MONOD, *Ouvrage cité*, p. 74 et suiv.

français que ceux de leur propre nation ; l'armée allemande a toujours été pleine de prévenances pour les ambulances françaises. « Chez les membres des ambulances
« allemandes, nous avons trouvé d'ordinaire
« plus que des égards, presque des senti-
« ments de confraternité. Ils étaient toujours
« prêts à nous seconder de tout leur pou-
« voir, et leur dévouement ne faisait point
« de distinction entre les soldats des deux
« nations » (1). « Nous avons trouvé partout
« l'armée allemande parfaitement dressée au
« respect réglementaire dû aux ambulances.
« Nous en avons même vu des exemples
« curieux. On vint dire un jour à notre chirur-
« gien que quatre uhlans sont occupés à piller
« notre salle à manger. Il accourt et trouve
« en effet quatre grands gaillards, qui fure-
« taient dans tous les coins de la chambre.
« — C'est la salle de l'ambulance, leur dit-
« il, vous n'avez rien à faire ici. Ils se re-
« gardent un instant, puis l'un d'eux dit
« aux autres : — Le docteur a raison, nous
« n'avons pas le droit d'être ici. Le médecin
« partit ; les uhlans allèrent à la cuisine où,

---

(1) MONOD, *Ouvrage cité*, p. 83.

« tirant de dessous leurs manteaux quatre
« bouteilles de vin et deux de cognac :
« C'est à l'ambulance, dirent-ils ; le docteur
« a dit que nous ne devions pas les prendre.
« A Oucques, un drapeau d'ambulance était
« resté sur une maison vide. Un fourrier
« mecklembourgeois voulait y loger les offi-
« ciers, et marquait la porte à la craie,
« quand un Prussien vint le saisir au collet :
« — C'est bon pour vous autres Mecklem-
« bourgeois, s'écria-t-il, de ne pas respecter
« les conventions. Tu ne vois pas ce dra-
« peau ? Nous autres Prussiens, nous con-
« naissons les conventions et nous les faisons
« respecter » (1). « Dans leurs rapports avec
« notre ambulance j'ai trouvé les officiers
« allemands non seulement polis, mais d'une
« prévenance exceptionnelle. A Beaumont,
« à Sommauthe, à Mouzon, à Sedan, à Or-
« léans, à Oucques, nous avons toujours été
« traités avec les plus grands égards. A Ou-
« zouer-le-Marché, en particulier, le général
« de Mannstein a renoncé à toute réquisition
« dans le village à cause de l'ambulance. Ses
« officiers nous ont accordé toutes les facili-
« tés possibles pour notre approvisionne-

(1) MONOD, *Ouvrage cité*, p. 81 et suiv.

« ment » (1). On possède aussi de nombreuses attestations qui rendent pleine justice aux soins donnés par les lazarets allemands et à leur excellente installation. Monod loue la prodigieuse activité des ambulances allemandes et le personnel immense dont elles disposaient; beaucoup d'ambulances allemandes étaient des modèles d'arrangement pratique, et les blessés des deux nations y trouvaient les soins les plus dévoués, sous la direction des chirurgiens les plus capables (2). Achard (3) raconte : « J'eus près de
« Namur l'occasion de voir un convoi de bles-
« sés allemands. Quelle installation ! Tout
« y était arrangé pour la commodité de ces
« malheureux ! Point de paille dans d'affreux
« wagons à bestiaux, mais des hamacs sus-
« pendus auxquels la marche n'imprime
« aucune secousse. Le train emportait avec
« lui des fourneaux pour les bouillons, les
« tisanes, l'eau chaude, sa pharmacie, sa lin-
« gerie, son personnel d'infirmiers et de
« médecins. » Claretie (4) fit à Sedan les

(1) *Ibidem*, p. 80. Comp. p. 127 ; Dumont dans la *Revue des Deux-Mondes*, vol. 90, p. 225; Entz, *Ouvrage cité*, p. 107. — (2) *Ouvrage cité*, p. 13, 83 et d'autres. — (3) *Ouvrage cité*, p. 165. — (4) *Revue des Deux-Mondes*, vol. 91, p. 69.

observations suivantes : « La bataille avait
« cessé depuis quelques heures à peine, et
« déjà tous les blessés étaient enlevés, presque
« tous les morts prussiens enterrés », et
Sarcey s'exprime dans les mêmes termes :
« Tandis que les Prussiens enlevaient leurs
« morts et leurs blessés avec une prestesse
« admirable, nous mettions un temps infini
« à cette recherche, et nous étions toujours
« obligés de leur demander des permissions
« pour achever cette besogne. Ils ne man-
« quaient jamais de répondre, avec une
« nuance de dédain : — Vos morts, nous
« les avons enterrés, et pour vos blessés, ne
« vous en inquiétez pas ; nous les avons
« recueillis ; ils sont avec les nôtres, aussi
« bien soignés qu'ils le seraient chez vous.
« Il n'y avait rien de plus piquant pour
« notre amour-propre que ces froides iro-
« nies. Le pis de la chose, c'est qu'ils avaient
« raison » (1). Les Allemands rendaient aux
ennemis morts tous les honneurs qu'ils rendaient à leurs propres soldats. Voici un
témoignage choisi parmi beaucoup d'autres.
H. Cozic écrit (2) : « Le général Guilhelm,

(1) BORCHARDT, *Ouvrage cité*, p. 135. — (2) *Illustration*, vol. 56, p. 291.

« tombé dans les lignes prussiennes, a été
« de la part de l'ennemi l'objet des démons-
« trations les plus respectueuses. L'armée
« prussienne s'honore en rendant hommage
« au courage de ses ennemis. Le général
« Douay, mort à la bataille de Wissembourg,
« avait été également conduit au cimetière
« avec tous les honneurs militaires. Comme
« le cercueil du général Douay, celui du
« général Guilhelm fut par les Prussiens
« recouvert de rameaux verts et de fleurs. Il
« devait être inhumé le lendemain avec la
« pompe accoutumée, quand une ambulance
« de la Société internationale vint réclamer
« le corps au nom de la famille et de l'armée
« française ». Comparez à cette description
celle de Montarlot (1). Les mobiles de Lutz
avaient tué un uhlan. « La dépouille du cava-
« lier est ramenée dans la ville avec un appa-
« reil quasi triomphal. Des clairons ouvrent
« la marche, puis vient un détachement de
« gardes nationaux, et enfin une charrette
« qui renferme le cadavre et que la plèbe
« entoure de ses acclamations. On n'aper-
« çoit que deux pieds nus, livides, souillés

(1) *Ouvrage cité*, p. 44.

« de boue, qui se projettent en avant, et par
« derrière une tête qui vacille avec les
« cahots du véhicule. Un des purs de la
« démocratie dunoise se dresse au milieu de
« la charrette, un pied sur le ventre du mal-
« heureux encore tiède, et agite avec fréné-
« sie le casque et les armes de ce dernier.
« Le cortège traverse la Place, passe sous
« les fenêtres de l'Hôtel de Ville, et après je
« ne sais quel tour dans les rues, gagne le
« cimetière, où la plus simple décence lui
« faisait un devoir de se rendre tout
« d'abord ». L'auteur prétend, il est vrai, que les Allemands ne se sont pas toujours mieux conduits dans de semblables occasions, et il en exprime son indignation.

En campagne, le soldat allemand déployait les mêmes qualités que dans la captivité, à l'ambulance et chez le bourgeois. Les rapports français que nous consultons offrent un grand nombre de passages qui reconnaissent l'excellence de l'organisation de l'armée allemande, la supériorité de sa tactique, la connexion étroite qui en rattache les différentes parties. On admire aussi la bonne tenue des troupes allemandes, leur excellent armement, leur équipement, et leur intendance. Et l'on reconnaît avec douleur et dépit que, sous tous ces rapports, l'armée française est bien inférieure à l'armée allemande. Chaque arme reçoit pour son compte particulier de nombreux éloges. L'infanterie allemande obtient relativement le moins de louanges; on lui reconnaît, il est vrai, de l'endurance, du courage et de la résolution, mais on lui trouve trop peu d'élan et de force de résistance dans les combats d'homme à homme. L'artillerie allemande recueille en revanche des éloges unanimes, aussi bien pour ce qui concerne la portée de ses canons et la justesse de leur tir que pour l'habileté des artilleurs et l'art consommé qu'ils déploient dans la manœuvre de leurs pièces. On trouva aussi que « la cavalerie allemande était admirable.

« Ces hommes aux larges épaules, aux che-
« veux blonds, à la figure empourprée,
« d'une santé florissante, solidement assis
« sur de beaux chevaux, paraissent sous
« leurs casques, leurs armures étincelantes
« (l'auteur parle de cuirassiers), leurs
« tuniques blanches, des soldats du moyen
« âge. Telle devait être l'escorte de Barbe-
« rousse partant pour la croisade ; tels sont

« les chevaliers allemands peints par Holbein
« et son école. Ce n'est pas l'entrain comme
« nous l'entendons, ce n'est pas le courage
« vif et ardent qui frappe dans ces hommes,
« c'est la solidité » (1). « Les célèbres charges
« qui ont fait la gloire de la cavalerie fran-
« çaise, sont abandonnées par nos enne-
« mis. En revanche, ils ont donné à cette
« arme un grand développement pour les
« reconnaissances et la poursuite de l'en-
« nemi. Au moyen de leurs nombreux esca-
« drons, ils occupaient de vastes territoires
« qu'ils avaient soigneusement reconnus,
« coupaient les communications, trompaient
« l'ennemi sur la position des troupes et sur
« leur nombre et menaçaient de le tourner.
« Enfin leur cavalerie inquiétait sans cesse
« l'armée en retraite, dont la défaite se trans-
« formait finalement en fuite précipitée » (2).

Enfin on portait aussi des jugements très
flatteurs sur le train de l'armée allemande (3), la gendarmerie de campagne et
les armes spéciales.

(1) Dumont dans la *Revue des Deux-Mondes*, vol. 90, p. 236. — (2) D'après Freycinet. *La guerre en Province*, Paris, 1872, p. 364. — (3) Dumont, *Revue des Deux-Mondes*, vol. 90, p. 234.

Les Français reconnaissent aussi fréquemment, et de la manière la plus complète, les qualités particulières au soldat allemand en campagne. « Ce sont des « adversaires qui usent de toutes les feintes « et profitent de toutes les circonstances, « qui ne se livrent jamais et savent épier le « moment où l'on se livre » (1). Les rapports français répètent continuellement qu'on n'apercevait jamais les Allemands. On ne pouvait jamais les surprendre (2) ; leurs sentinelles se tenaient si immobiles qu'on les prenait le plus souvent pour des troncs d'arbres (3). Les troupes n'entraient dans les villes qu'avec la plus grande prudence (4). En marche, elles se reposaient à leur place et en rang (5). Elles conservaient leurs rangs encore dans le sommeil, à côté de leurs fusils en faisceaux (6). Les Allemands ne faisaient aucune attaque inutile. Devant Paris, ils se plaignaient de ce qu'on

---

(1) REYBAUD, dans la *Revue des Deux-Mondes*, vol. 91, p. 139. — (2) ACHARD, *Ouvrage cité*, p. 283. — (3) GRANDEFFE, *Mobiles et volontaires de la Seine*, Paris, 1871, p. 109. — (4) MONTARLOT, *Ouvrage cité*, p. 177. — (5) DUMONT. *Revue des Deux-Mondes*, vol. 90, p. 234. — (6) *Versailles*, etc., p. 21.

tirait sans nécessité sur leurs sentinelles ; et il arriva que des mobiles furent « grondés » par leurs officiers à ce sujet (1). Ils avaient une manière rapide de prendre leur poste de combat, où ils se maintenaient avec calme et intrépidité (2). « D'après les témoi-
« gnages que j'ai recueillis, ils ont toujours
« montré une grande solidité, et parfois
« même, à Mars-la-Tour en particulier, un
« élan dont on ne les croyait pas capables.
« Je ne comprends pas l'étrange préjugé
« chauvin qui pousse quelques Français à
« leur dénier le courage. Belle consolation
« de nos défaites que d'avoir été battus par
« des lâches ! (3) » « Leur courage était avant
« tout affaire de raisonnement et de mé-
« thode ; c'est parce qu'ils veulent la paix,
« c'est parce qu'ils désirent la paix prompte et
« la meilleure possible qu'ils se battent avec
« résolution ; ils savent que la victoire est
« le plus court chemin pour retourner chez
« eux » (4). Souvent leur courage devenait

(1) GRANDEFFE, *Ouvrage cité*, p. 115.— (2) *Souvenirs d'un officier d'ordonnance*, p. 48. — (3) MONOD, *Ouvrage cité*, p. 93. —(4) ALBANE. *Revue des Deux-Mondes*, vol. 90, p. 195.

de la témérité ; et on en cite de nombreuses preuves, surtout pour les uhlans (1). Ils marchaient au combat avec autant d'ordre qu'à la parade, mais avec une gravité sombre (2); en attaquant, ils poussaient des hourras formidables qui, mêlés au bruit des canons et des chassepots, formaient un concert sauvage et effrayant (3). En même temps ils brandissaient leurs armes au-dessus de leurs têtes, comme les turcos (4). « En toute occasion ils nous gagnaient de « vitesse. Il semble que leurs armées soient « plus libres et plus dégagées que les « nôtres. » « Ils montraient qu'ils savent à « merveille le prix du temps. Toutes leurs « opérations se font avec autant de rapidité « que de précision » (5). Ils montraient la même rapidité quand il s'agissait de s'éloigner de

---

(1) Rodrigues, *Le Casque prussien*, Paris, 1871, p. 85. *Souvenirs*, etc., p. 87. Montarlot, *Endroit cité*, p. 81. Monod, p. 19. Achard, *Ouvrage cité*, p. 20 et suiv. — (2) Pigeonneau, *Revue des Deux-Mondes*, vol. 92, p. 493 — (3) Rodrigues. *Ouvrage cité*, p. 85. — (4) Claretie, dans l'*Illustration* du 3 déc. 1870, p. 378. — (5) Mézières, *Revue des Deux-Mondes*, vol. 90, p. 398, et vol. 89, p. 612.

la portée des fusils ennemis. Sans le moindre amour-propre, ils tournaient le dos aux Français et s'en allaient choisir des positions moins exposées (1).

(1) BELLEVAL, p. 193 et ailleurs.

V. — DE QUELLE MANIÈRE

LES FRANÇAIS EXPRIMAIENT LEUR FUREUR

ET

COMMENT ILS SE VENGEAIENT

Les découvertes flatteuses qu'on avait faites sur le caractère et les aptitudes des ennemis n'étaient cependant reconnues qu'avec beaucoup d'hésitations et de restrictions. Reconnaître publiquement les bonnes qualités des Allemands, même après la guerre, passait pour un manque de patriotisme ; pendant les hostilités et dans les territoires occupés, il était de bon ton de dire aussi peu de bien que possible des étrangers. Dans les contrées où l'ennemi n'avait pas pénétré, on croyait faire de bonne politique en attribuant aux ennemis toutes les atrocités et tous les défauts que nous avons brièvement mentionnés plus haut. On trouvait inconvenant que les Allemands ne se fussent pas laissé battre. On demandait d'eux que, par une conduite humble et modeste, ils se fissent pardonner leur irruption en France. Chez le bourgeois, on se croyait en droit de leur demander de se contenter du premier réduit venu, de croire bénévolement ce qu'on leur disait et de souffrir patiemment la faim, la soif et le froid, quand on leur assurait qu'on n'avait ni aliments, ni combustibles; on exigeait d'eux qu'ils reçussent sans murmure et d'un cœur contrit les leçons et remontrances paternelles qu'on leur faisait sur leur infériorité native. A en croire plus d'un récit, on leur faisait un crime même de ce qu'ils ne se laissaient pas tout bonnement chasser et fusiller sans résistance, comme des mannequins. — Les étrangers refusant de se laisser traiter comme on le désirait et se permettant beaucoup d'autres libertés vraies ou inventées, on se vengea d'abord en expulsant brutalement de France les Allemands qui y avaient établi leur domicile, et d'autre part on se reconnut le droit d'exterminer par tous les moyens, comme on le fait pour les bêtes féroces et la vermine, cette vile engeance d'oppresseurs.

Le *Figaro* du 17 août 1870 se faisait écrire par un Belge: « Courage, Français! Si vous

« n'avez plus de chassepots, vous avez encore
« des couteaux, et, si cette dernière arme
« vous manque, alors..... *alors il vous
« reste de l'arsenic!* » (1). Le *Charivari*
publiait — pour rire — un dessin représentant un zouave qui crevait les yeux d'un soldat prussien en lui disant : « Un pour
« Waterloo, l'autre pour Sadowa » (2).
Dans la *Patrie* du 15 août, A. Rochat recommandait aux paysans d'assommer les uhlans partout où ils en trouveraient (3). L'*Indépendance algérienne* publiait, au mois d'août 1870, un « Appel aux fils du désert », lequel fit le tour de la presse française, au bruit des applaudissements. Cet appel était ainsi conçu :

« Le moment est venu! que chacune de
« nos provinces lève 10 *goums* de 200 hom-
« mes chacun. Ils seront commandés par
« leurs caïds et par quelques officiers des bu-
« reaux arabes. Ces goums se dirigeront
« sur Lyon... Leur première tâche sera de
« détruire les uhlans, ou du moins de les
« terrifier en coupant quelques têtes.

---

(1) BORCHARDT, *Littérature française pendant la guerre*. Berlin, 1871, p. 82 ; LECLERCQ, p. 129. — (2) *Ibidem*, p. 83. — (3) HIRTH, II, p. 1077.

« Ces braves enfants du désert se jetteront
« dans le duché de Bade, où ils brûleront
« tous les villages et incendieront tous les
« bois... La Forêt-Noire éclairera de ses
« flammes la vallée du Rhin. Les goums
« ensuite entreront dans le Wurtemberg, où
« ils dévasteront tout... Nous dirons à ces
« braves fils du Prophète :

« Nous vous connaissons ; nous apprécions
« votre courage, nous savons que vous êtes
« énergiques, entreprenants, impétueux ! Allez
« et coupez les têtes ; plus vous en couperez,
« plus notre estime pour vous augmentera. »

« Arrière la pitié ! Arrière les sentiments
« d'humanité ! Les femmes et les enfants
« paieront pour leurs maris et leurs pères...
« Oui, les goums seront à la hauteur de
« leur tâche, il suffit que nous leur lâchions
« la bride, en leur disant : Mort, pillage et
« incendie ! (1) »

Plusieurs de ces goums furent en effet
levés contre les Allemands. En décembre 1870, le *Journal de Marseille* décrivait comme suit un de ces goums : Quelle troupe magnifique ! On croirait voir défiler

(1) BORCHARDT, *Ouvrage cité*, p. 84 et HIRTH, I, p. 1190 ; III, 4086 et 4579. PFAFF, p. 413, 453.

des chevaliers du moyen âge! Outre un équipement complet, formé d'un yatagan, d'un revolver, d'un poignard et d'un excellent chassepot, chaque cavalier porte un instrument extrêmement dangereux : la matraque. C'est un très grand bâton, muni à l'une de ses extrémités d'un crochet terrible; à l'autre bout est fixée une longue lanière de cuir tordu. C'est le lasso mexicain, mais perfectionné et infaillible. Lancée à une distance de quinze mètres, par le poing d'un Arabe, la matraque ne manque jamais son but et saisit toujours sa proie. Dans la poursuite ou pendant l'attaque, le terrible croc s'abat, s'empare de sa proie... et le cheval entraîne dans sa course un homme qui, cinq minutes après, n'est plus qu'un cadavre en lambeaux, qu'on abandonne pour reprendre l'œuvre de destruction (1). On sait qu'aucune des espérances qu'on avait fondées sur ces cavaliers ne s'est réalisée.

Girardin écrivait dans la *Liberté* du 21 août: « S'ils nous envahissent, ces bandits
« et assassins prussiens, qui ont été impito-
« yables pour les cadavres désarmés de Fran-

---

(1) PFAFF, *Ouvrage cité*, p. 402; HIRTH, III, 5164.

« çais, eh bien! emparons-nous de tout ce que
« le génie de la destruction a inventé en l'hon-
« neur de la mort. Que nos palais, nos mai-
« sons, les ensevelissent sous leurs décom-
« bres! Que nos catacombes s'entr'ouvrent
« sous leurs corps maudits et les engloutis-
« sent! Empoisonnons l'air et l'eau, dût la
« patrie être dépeuplée et la France devenir
« un désert! Vaillants fils des Vosges, armez-
« vous! A nous! habitants de la Flandre, de
« Marseille, de Lyon! Et vous, lions de la
« Bretagne et de la Normandie! A nous!
« toute la France! Où êtes-vous, Francs-
« Comtois? Vous êtes à Besançon! Marchez
« vers Dijon, entraînez la Bourgogne! Vous
« êtes forts comme les chênes de vos forêts!
« Vous, qui brisez le granit, brisez dès à pré-
« sent les os de ces brigands maudits! Prenez
« vos fusils à deux coups, qui n'ont jamais
« manqué l'aigle sur les plus hauts sommets
« de vos montagnes. Il ne s'agit que de tuer
« d'ignobles corbeaux, et, si les fusils se
« taisent, tuons ces chiens à coups de cou-
« teaux, dans leur camp, au milieu du silence
« mystérieux de la nuit. »

La trahison de Laon fut célébrée, en septembre 1870, par tous les journaux de Paris, à la seule exception du *Journal des Débats ;* cette action était considérée comme quelque chose de très héroïque, digne de passer à la postérité (1). Le préfet Luce-Villiard (Côte-d'Or) adressa, le 21 novembre 1870, aux habitants de son département la circulaire suivante :

« La patrie ne vous demande pas de vous
« réunir en masse et de vous opposer ouver-
« tement à l'ennemi ; elle attend de vous que
« chaque matin trois ou quatre hommes réso-
« lus partent de la commune et se postent à
« un endroit désigné par la nature elle-même,
« d'où ils puissent tirer *sans danger* sur les
« Prussiens. Je leur décernerai une prime
« et ferai publier leur action *héroïque* dans
« toutes les feuilles départementales, ainsi
« qu'au *Moniteur officiel* » (2). On connaît mieux l'excitation au meurtre du roi de Prusse, par Félix Pyat, l'éditeur du journal *Le Combat ;* Pyat promettait à l'assassin une carabine d'honneur (3) ; on se souvient aussi de la citation et de la condamnation du roi Guillaume par les francs-maçons parisiens (4).

(1) Hirth, p. 2042, Pfaff, p. 193.— (2) Borchardt, p. 83. — (3) Leclercq, *Ouvrage cité,* p. 16. Comp. Hirth, II, 2363 ; Pfaff, p. 281.— (4) Hirth, II, 2882.

V. Hugo élevait sa grande voix :

« Roulez des rochers, entassez des pavés, « changez les socs en hache, changez les « sillons en fossés, combattez avec tout ce « qui vous tombe sous la main ; prenez les « pierres de notre terre sacrée, lapidez les « envahisseurs avec les ossements de notre « mère la France !

« Que les rues des villes dévorent l'en- « nemi, que la fenêtre s'ouvre furieuse, que « le toit jette ses tuiles, que les tombeaux « crient. Harcelez d'ici, foudroyez de là, « effrondrez le sol... Francs-tireurs, profitez « de l'ombre et du crépuscule, serpentez « dans les ravins, glissez-vous, rampez, « ajustez, tirez, exterminez (1).

Lacaussade chantait :

Il est souillé, le sol sacré de la patrie !
Nos cités, nos maisons, nos champs sont saccagés :
Nos toits fument ! Debout pour la sainte tuerie !
Frappez ! fauchez ! hachez ! des deux mains égorgez !

Ils descendent du Nord, Vandales d'un autre âge,
Semant partout le meurtre, et le crime et le vol.

(1) BORCHARDT, p. 84 ; HIRTH, II, 2243 ; PFAFF, p. 210. J. SCHLÜTER. *La poésie de la guerre et de la revanche*, Heilbronn, 1878, p. 7.

De la terre de France ils rêvent le partage :
Purgeons de leur présence et vengeons notre sol !
Derrière et devant eux, brûlez ! faites le vide !
Enfermons ces bandits dans un désert sans fin !
La flamme et la famine à cette horde avide !
Que tous, hommes, chevaux, que tous crèvent de
[faim !

Ils sont venus, eh bien ! qu'ils restent ! — Terre
[altière !
France, ouvre-toi sous eux et te referme après !
Qu'il n'en sorte pas un vivant de la frontière !
Notre vieux sol gaulois avait besoin d'engrais.

Sus aux envahisseurs ! Sus aux hommes de proie ?
La guerre de buissons contre eux et de taillis !
Traquons-les ! plongeons-nous dans l'implacable joie
De tuer pour sauver ou venger son pays ! » (1).

Ernest Lépine publiait dans le *Paris-Journal* la strophe suivante :

> Si l'ennemi dort dans la grange,
> Mets-y le feu sans hésiter ;
> Pour balayer pareille fange
> Faudrait-il pas se consulter !
> Ceux qui toucheront à la France
> Peuvent être certains d'avance
> Qu'ils râleront sur nos fumiers ;
> Qu'il en pende un à chaque branche,
> Le Seigneur donne carte blanche
> Aux loups qui gardent leurs terriers (2).

(1) Ouvrage précédent, p. 6. — (2) *Charivari*, 2 août 1870.

Même le *Charivari* trouvait cette manière de s'exprimer un peu forte.

Ce n'étaient là que des explosions poétiques de sentiments. En prose, on recommandait les fusées à feu grégeois, qu'on voulait employer pendant le siège de Paris. Elles avaient été mises en avant chez Dorian, un des ministres de la Défense nationale. Bientôt le bruit se répandit qu'à l'aide de ces fusées, on pouvait brûler vive toute l'armée des assiégeants. Toutes les feuilles patriotiques de Paris trouvèrent l'idée admirable. Quelques voix timides essayèrent bien de parler de lois de la guerre, de droits de l'humanité. F. Pyat leur répondit dans le *Combat* du 30 novembre à peu près ceci : Loi de la guerre, que veux-tu de moi ? Droit des gens, que me demandes-tu ?... Comme si les Prussiens étaient des hommes! Comme si la guerre connaissait une loi... Ni foi, ni loi, comme Bismarck. L'ennemi veut la guerre ; il la veut sans conditions, en tuant, en pillant, en violant, en incendiant. Tous les moyens sont bons ; souscrivons pour les fusées ! Le *Figaro*, plus modéré, proposa de ne brûler qu'un régiment : Millaud, un des rédacteurs de cette feuille, était

d'avis « qu'on ne devait à la vérité pas hésiter
« à employer les moyens les plus atroces, les
« instruments les plus affreux que l'homme
« ait jamais inventés, mais qu'il était cepen-
« dant plus humain, si le feu grégeois avait
« véritablement les effets qu'on lui prêtait, de
« ne l'employer que contre une moins grande
« masse d'hommes ». Mais d'autres n'étaient
pas contents. Dans le *Siècle* du 24 octobre
on lisait : « Et quand même ni les Prussiens
« de Prusse, ni les Wurtembergeois, ni les
« Bavarois, ni les Hessois ne jouiraient plus
« de la vue attendrissante des saucisses et
« de la choucroute d'au delà du Rhin, nous
« ne nous en affligerons pas, pourvu que Paris
« et la France soient délivrés du fléau des
« sauterelles allemandes ». La *Révolution*,
du 5 décembre 1870, se flattant de l'espérance
que le feu grégeois rendrait, par ses effets
dévastateurs, la continuation de la guerre
impossible, ajoutait : « Et cet heureux évé-
« nement n'exigerait que l'extermination de
« cette engeance de Vandales... Bien loin
« d'être repoussés par les pays civilisés,
« nous recueillerions leurs bénédictions.
« N'hésitons pas un moment ! » Le *Peuple
français* comptait en même temps sur l'effet

de certaines bombes qui, pendant plusieurs heures et dans un rayon très étendu, asphyxieraient tous ceux qui n'auraient pas été tués immédiatement par l'explosion du projectile. Ce journal comptait aussi sur l'aide des *fusées de Satan*, qui, à une distance de 4 à 5 kilomètres, réduiraient en cendres des corps d'armée entiers (1). Dans un comité de femmes parisiennes, Jules Allix proposa pendant le siège à ses auditrices de se servir d'acide prussique pour le cas où les envahisseurs voudraient attenter à leur honneur. « Le citoyen Jules Allix fait
« remarquer, avec un fin sourire, combien
« il est curieux que l'*acide prussique* puisse
« servir à tuer les *Prussiens*. Puis il entame
« la description d'un appareil avec lequel il
« sera facile de tuer tous les Prussiens qui
« entreraient dans Paris. L'inventeur avait
« appelé cet appareil le *doigt de Dieu!* Mais
« le citoyen Jules Allix croit qu'il vaut mieux
« l'appeler *le doigt prussique*. Il consiste en
« une sorte de dé en caoutchouc, que les
« femmes se mettent au doigt. Au bout de
« ce dé est un petit tube contenant de l'acide

---

(1) PFAFF, *Ouvrage cité*, p. 331.

« prussique. Le Prussien s'approche, vous
« étendez la main, vous le piquez : il est
« mort. Si plusieurs Prussiens s'approchent,
« tandis qu'autrement la femme ne sortirait
« de leurs mains que folle ou morte, celle
« qui a le doigt prussique les pique ; elle
« reste tranquille et pure, ayant autour d'elle
« une couronne de morts. Ainsi parla le
« citoyen Jules Allix, et les femmes versent
« des larmes d'attendrissement, et les hom-
« mes rient à se tordre. » C'est ainsi que
Sarcey (1) termine son récit. — Un matin, à
la même époque, un monsieur, qui demandait un sauf-conduit pour se rendre auprès
du roi Guillaume, se présente chez Trochu,
le commandant de Paris. Il montre un gilet
dont l'intérieur est garni de canons de fusils,
à charnières, qui s'abaissent et se relèvent à
volonté ; outre cela il a une ceinture de
fulmi-coton et un autre appareil explosif.
« Quand je suis en présence du roi et de son
« état-major », dit-il, « j'éclate ! Tout le
« monde est tué, et le gouvernement de la
« défense n'est pas même compromis, car la
« lettre dont j'étais porteur est brûlée par

(1) SARCEY, *Siège de Paris*, p. 169.

« l'explosion, qui me tue moi-même. »
Véron (1) ajoute à cette description qu'elle a été sténographiée d'après nature. — Une autre fois il se présenta chez le ministre de l'intérieur, à Paris, un homme qui prétendait posséder un moyen infaillible d'anéantir complètement l'armée des assiégeants. Il proposait ce qui suit : « Nous avons dans
« nos hôpitaux le germe de toutes les mala-
« dies. Il ne s'agirait que de renfermer tous
« ces germes dans des tubes de verre. On en
« chargerait des canons. Les tubes éclate-
« raient, propageant immédiatement et la
« petite vérole, et la fièvre typhoïde et la
« phtisie. Quinze jours après, tous les soldats
« du roi Guillaume seraient alités, et nous
« n'aurions que la peine d'aller chercher
« leur artillerie restée sans défense » (2). D'autres proposaient de lâcher sur les Allemands les bêtes féroces du Jardin des Plantes, de donner la rage à des chiens, qu'on dirigerait ensuite sur Versailles, etc. Le conseil le moins sanguinaire fut celui

(1) Véron, *Les coulisses du grand drame.* Paris, Lévy, 1882. Nouv. édit., p. 55. — (2) Véron, *Ouvrage cité,* p. 56 et suiv.

que donnait le *Charivari* du 23 août : Les dames d'une espèce particulière, très répandue à Paris, devraient faire aussi quelque chose pour la patrie. Celles d'entre elles qui se sentaient atteintes de certaine maladie, devaient aller dans le camp ennemi et rendre ainsi une grande partie de l'armée allemande incapable de combattre. Le moyen avait bien réussi lorsque, sous le gouvernement de Philippe V d'Espagne, les Portugais campaient dans le voisinage de Madrid (1).

Les encouragements poétiques ou prosaïques donnés à l'assassinat des guerriers allemands, encouragements provenant d'un désir effréné de vengeance, ne manquèrent pas leur effet. L'armement de la population civile, au delà de Sarreguemines, par le gouvernement français (2), la participation des habitants aux combats de Bazeilles et de Châteaudun, sont suffisamment connus. Les écrivains français se plaisaient (et se plaisent encore) à raconter les atrocités et les assas-

---

(1) Pfaff, *Ouvrage cité*, p. 142. — (2) *Charivari*, 3 août. Moltke, *Histoire de la guerre franco-allemande de 1870-1871*. Berlin, 1891, p. 69.

sinats dont les soldats allemands furent les victimes. Le tueur de panthères, Bonbonnel, était acclamé partout: il avait promis de se mettre en embuscade et d'abattre chaque jour un Prussien, et les journaux français disaient qu'il avait si bien tenu parole que, le cas échéant, il se refusait un second gibier. Le *Courrier de Lyon* racontait qu'un jour Bonbonnel, après avoir eu sa ration quotidienne de Prussien, aperçut encore deux autres Allemands au bout de sa carabine. « Non », dit-il froidement, « assez pour « aujourd'hui » (1). Le *Journal de Bordeaux* racontait l'aventure d'un braconnier gascon qui, étant à l'affût, abattit huit uhlans, enfonça sa baïonnette dans le ventre du neuvième, prit par le collet le dixième et dernier et le conduisit ainsi vers une troupe de francs-tireurs. « J'aurais voulu la « douzaine, dit-il en déposant son chassepot, « et en essuyant son bras; mais la chasse « n'ouvre qu'aujourd'hui, à bientôt le com-« plément » (2). Guy de Maupassant (3) fait le récit suivant : « A deux ou trois lieues

---

(1) BORCHARDT, p. 44. — (2) BORCHARDT, p. 45. — (3) *Soirées de Médan,* p. 57 et suiv.

« sous la ville (de Rouen), en suivant le
« cours de la rivière, vers Croisset, Diep-
« pedalle ou Biessart, les mariniers et les
« pêcheurs ramenaient souvent du fond de
« l'eau quelque cadavre d'Allemand, gonflé
« dans son uniforme, tué d'un coup de cou-
« teau ou de savate, la tête écrasée par une
« pierre, ou jeté à l'eau d'une poussée du
« haut d'un pont. Les vases du fleuve ense-
« velissaient ces vengeances obscures, sau-
« vages et *légitimes, héroïsmes* inconnus,
« attaques muettes, plus périlleuses (?) que
« les batailles au grand jour et sans le reten-
« tissement de la gloire ». Sarcey (1) parle
de la légende du sergent alsacien Hoff, dont
les Prussiens devaient avoir tué le vieux
père à Saverne, et qui avait juré de se venger. « Il fallait que tous les jours il eût tué
« un Prussien. Il s'en allait la nuit presque
« toujours seul, en braconnier, en partisan,
« épiant leurs cachettes, les suivant pas à
« pas, restant, s'il en était besoin, cinq heures
« de suite en observation, à l'affût, silen-
« cieux comme un peau-rouge, tombant à

(1) *Siège de Paris,* p. 224.

« l'improviste sur sa proie, qu'il expédiait
« sans mot dire. Un jour, après s'être caché
« dans les roseaux, il y demeurait tapi jus-
« qu'à mi-corps une partie de la nuit et,
« sautant sur une vedette, qui ne s'atten-
« dait à rien, il lardait son homme d'un
« coup de baïonnette, le tirait du trou et
« s'y postait lui-même, attendant qu'on vînt
« le relever. Le caporal de pose arrivait
« enfin, accompagné de la nouvelle senti-
« nelle. D'un coup de sabre, le sergent
« Hoff abattait l'un, assommait l'autre d'un
« coup de crosse et détalait à pas rapides et
« sourds. — Le sergent Hoff devint la coque-
« luche de Paris. Ces aventures plaisaient
« à notre esprit romanesque. On le décora
« aux applaudissements du public. Il dis-
« parut à la journée du 2 décembre et l'on
« ne put jamais retrouver son cadavre. Ce
« qui complète la légende, c'est qu'un mois
« après, le bruit se répandit que ce fameux
« sergent Hoff, avec ses histoires de père à
« venger, n'était qu'un espion prussien ;
« qu'il n'avait donc pas grand'peine à rap-
« rapporter tant de casques pris sur l'en-
« nemi, ni à se promener à travers les lignes

« prussiennes » (1). — A en croire un autre récit (2), « cinquante uhlans, poursuivis par
« sept soldats du génie français, s'enfuyaient
« à bride abattue à travers les rues d'Eper-
« nay. Le cheval d'un des uhlans s'abat, son
« cavalier est désarçonné ; dans sa chute, un
« de ses pistolets lui échappe. Un garçon
« de 12 ans s'en empare et tue le uhlan,
« qui cherchait à se retirer de dessous
« son cheval ». Aimard, dans son fantastique *Baron Frédérick* (3), parle de francs-

---

(1) Hoff est devenu aussi le héros d'un roman : *L'odyssée du sergent Hoff*, et d'un poème de Déroulède. Même la *Revue des Deux-Mondes* lui a consacré un long article dont Zolling s'est servi pour la présentation humoristique de ce héros dans son voyage autour du monde parisien, Stuttgard, I, 196 et suiv. D'après ces sources Hoff a été fait prisonnier par les Allemands à Champigny. A Cologne, il retrouve son frère, prisonnier de Metz. Celui-ci lui apprend que leur vieux père vit encore paisiblement dans sa maisonnette de Saverne. C'était donc une erreur qui avait fait de Hoff un héros vengeur. Rentré en France, il combattit dans les rues de Paris, contre les insurgés, et eut le bras gauche fracassé par une balle française. Gambetta lui procura plus tard une place de gardien de l'Arc de Triomphe de l'Étoile. — (2) *Courrier de Lyon*, 15 septembre 1870. — (3) *Ouvrage cité*, 4e partie, p. 32 et suiv.

tireurs qui, déguisés en paysans, fermèrent un défilé au moyen d'un char, et rendirent ainsi possible la surprise et le massacre d'une troupe de Bavarois en marche. « La lutte fut effroyable, désespérée, ce
« n'était plus un combat d'hommes civi-
« lisés, c'était une orgie de sauvages, de
« bêtes féroces s'entre-déchirant, avec des
« cris et des hurlements de fauves enivrés
« par l'odeur du sang; on frappait, on frap-
« pait toujours; les blessés se relevaient sur
« les genoux, se traînaient sur les mains
« pour porter un dernier coup, et retom-
« baient joyeux, pour mourir après avoir
« éventré un dernier ennemi. Comme les
« cercles fatidiques de l'enfer du Dante, le
« champ de bataille allait se rétrécissant de
« plus en plus; les baïonnettes, rouges jus-
« qu'à la douille, étaient faussées et tordues
« à force de se plonger sans relâche dans
« les poitrines humaines. Les Bavarois suc-
« combaient les uns après les autres, mor-
« nes, calmes, silencieux, en hommes qui
« ont fait le sacrifice de leur vie, et qui
« savent mourir. Tout à coup la lutte cessa;
« il se fit un silence lugubre et d'une signi-
« fication terrible. L'escorte entière du con-

« voi était anéantie ! Son dernier défenseur
« avait roulé, le crâne fracassé, sur le sol. »
L'auteur ajoute : « Tous les épisodes de
« ce sanglant combat sont scrupuleusement
« vrais ». La Selves (1), dans une nouvelle de la
guerre, raconte comme vraie l'histoire d'une
sommelière qui, pour se faire rendre le cadavre
de son fiancé, accorde ses faveurs à un capitaine prussien, le tue et prend la fuite,
après avoir revêtu l'uniforme de l'officier.
L'écrivain L. Bloy assure à ses lecteurs que
« la France est tellement le premier des
« peuples, que tous les autres, quels qu'ils
« soient, doivent s'estimer honorablement
« partagés, lorsqu'ils sont admis à manger le
« pain de ses chiens ». Comme preuve de ce
qu'il avance, il cite un nombre respectable
de monstres français, qui ont commis des
actes horribles sur des soldats allemands.
Dans un de ses récits, un braconnier devenu
franc-tireur, coupe les oreilles à douze Allemands, qu'il avait surpris et massacrés à
l'aide de deux compagnons. Dans un autre

---

(1) *Une Lorraine.* Ouvrage couronné par l'Acadé-
mie française. Paris, 1880, p. 170 et suiv. Comp.
mon *Hist. de la litt. de la guerre*, p. 15 et suiv.

récit, une Française étrangle un jeune malade qu'on lui avait confié ; c'était le fils d'un général-major hessois. Puis elle donne à manger au père, sous différents noms de viandes, le cadavre de l'enfant. Ailleurs Bloy nous parle d'un huissier, qui arrose de pétrole et de térébenthine tout ce qui est susceptible d'être brûlé dans sa maison, remplit d'autres huiles inflammables un énorme tonneau, qu'il a placé au grenier, et entasse dans sa cave une quantité de combustibles. Cela fait, l'huissier demande qu'on lui donne à loger quatre-vingts hommes, qui sont brûlés tout vifs dans la maison à laquelle il a mis le feu. Une autre fois Bloy nous décrit un Français, qui déterrait les cadavres des Allemands et les soumettait à des mutilations révoltantes. A un autre endroit, Bloy nous raconte que des soldats allemands furent conduits dans une maison mal famée, où on les avait attirés pour les égorger ; les cadavres furent jetés dans un puits (1). Il y a une infinité de récits de cette espèce. Tous prouvent qu'aux

(1) L. BLOY, *Sueur de sang*. Paris, 1893, Dentu.

yeux des Français, tout était permis vis-à-vis de l'ennemi victorieux, que cet ennemi devait être mis hors la loi, qu'on devait le considérer comme une bête féroce et qu'il était méritoire de l'exterminer par tous les moyens possibles.

VI. — LES FRANCS-TIREURS

C'est à la disposition d'esprit dont nous venons de parler que la formation des corps-francs doit son origine. On était convaincu que les Allemands avaient une crainte superstitieuse de voir se soulever le peuple français entier. C'est pourquoi la France ressuscitée devait se dresser « d'un élan terrible et fier » devant « les hordes de l'invasion » et écraser les armées prussiennes (1). Une guerre de guérillas, semblable à celle que les Espagnols firent à Napoléon Ier, devait faire ce que les armées régulières n'avaient su faire : arrêter l'armée allemande dans sa marche, la paralyser dans ses efforts, la remplir de peur et d'effroi, la désorganiser et lui enlever sa discipline. Il fallait tuer ses éclaireurs, lui couper les vivres ; derrière chaque rocher, chaque arbre, la mort devait guetter l'envahisseur. L'appel aux armes, pour former des corps de francs-tireurs, fut bien accueilli de la population, mais non

(1) *Illustration*, vol. 56, p. 163.

pas pour les raisons qu'on espérait. Pour beaucoup d'amateurs, ces corps francs n'avaient d'autre attrait que la perspective d'une vie d'aventures, sans la gêne d'une discipline rigoureuse. Plusieurs trouvaient là une occasion commode de se soustraire à un service militaire régulier. La formation de ces corps amena sur les boulevards « comme un carnaval de costumes les plus « fantaisistes. Quelques-uns de ces corps « avaient adopté un habillement sévère, « mais d'autres s'étaient déguisés en bri- « gands d'opéra-comique. Les plumes au « chapeau, les ceintures multicolores, les « bottes à revers, les lisérés et les galons les « plus extravagants, les glands, les torsades « d'or étincelaient sur tous ces beaux fils, « que c'était comme un bouquet de fleurs. « On ne songeait point à trouver cela ridi- « cule, et ils semblaient fort contents de « leur personne » (1). Ils plaisaient au public parisien, parce qu'ils charmaient son imagination. Il y avait parmi eux les *Batteries de l'École polytechnique*, la *Légion des volontaires*, les *Amis de la France*, que

---

(1) SARCEY, *Ouvrage cité*, p. 187.

l'on remarquait pour leur costume marron, austère tout à la fois et spirituellement coquet, les *Éclaireurs Franchetti*, les *Tirailleurs parisiens*, les *Tirailleurs de la Seine*, les *Éclaireurs parisiens*, les *Éclaireurs de la Garde nationale*, les *Carabiniers parisiens*, les *Cavaliers de la République*, et tant d'autres ; car ce serait une énumération aussi longue que celles d'Homère (1). Les provinciaux ne restèrent pas en arrière, ni pour les costumes, ni pour les noms. Guy de Maupassant (2) nous décrit un cortège de francs-tireurs provinciaux qui traversèrent Rouen. Les *Vengeurs de la défaite*, les *Citoyens du Tombeau*, les *Partageurs de la mort*, qui avaient tous des airs de bandits, se sauvaient devant l'armée allemande. « Leurs chefs, anciens commerçants en
« draps ou en graines, ex-marchands de
« suif ou de savon, guerriers de circonstance,
« nommés officiers pour leurs écus ou pour
« la longueur de leurs moustaches, couverts
« d'armes, de flanelle et de galons, parlaient
« d'une voix retentissante, discutaient plans

---

(1) SARCEY, p. 188 et suiv. — (2) *Soirées de Médan*, p. 54.

« de campagne, et prétendaient soute-
« nir seuls la France agonisante sur leurs
« épaules de fanfarons ; mais ils redou-
« taient parfois leurs propres soldats, gens
« de sac et de corde, souvent braves à ou-
« trance, pillards et débauchés. » Auber-
« tin (1) vit avec enthousiasme « les francs-
« tireurs accourir à Dijon de tous les
« points de l'horizon (après le départ des
« Allemands) : *Ours de Nantes et des
« Pyrénées, Chasseurs de l'Isère, de la
« Drôme et de l'Ardèche, Tirailleurs répu-
« blicains, Volontaires du Rhône et de
« l'Allier, Éclaireurs marseillais, Fédérés
« de la Mort ;* les contrastes les plus frap-
« pants du costume, de l'âge, de la taille,
« du pays, du drapeau, de l'opinion s'y
« trouvaient représentés. » La description
humoristique que A. Daudet fait des com-
pagnies de francs-tireurs tarasconnais (2) est
sans doute empruntée à la réalité. « Elles
« s'organisaient avec frénésie : *Frères de la
« Mort, Chacals du Narbonnais, Espingo-
« liers du Rhône,* il y en avait de tous les

(1) *Revue des Deux-Mondes*, vol. 92, p. 361. —
(2) *Contes du lundi.* Nouv. éd., Paris, 1885.

« noms, de toutes les couleurs, comme des
« centaurées dans un champ d'avoine ; et
« des panaches, des plumes de coq, des
« chapeaux gigantesques, des ceintures
« d'une largeur !... Pour se donner l'air
« plus terrible, chaque franc-tireur laissait
« pousser sa barbe et ses moustaches, si
« bien qu'à la promenade le monde ne se
« connaissait plus. De loin vous voyiez un
« brigand des Abruzzes qui venait sur vous, la
« moustache en croc, les yeux flamboyants,
« avec un tremblement de sabres, de revol-
« vers, de yatagans ; et puis, quand on
« s'approchait, c'était le receveur Pégou-
« lade. D'autres fois, vous rencontriez dans
« l'escalier Robinson Crusoé lui-même,
« avec son chapeau pointu, son coutelas en
« dents de scie, un fusil sur chaque épaule ;
« au bout du compte, c'était l'armurier
« Costecalde qui rentrait de dîner en ville.
« Le diable, c'est qu'à force de se donner
« des allures féroces, les Tarasconnais fini-
« rent par se terrifier les uns les autres, et
« bientôt personne n'osa plus sortir. » La
moquerie du marquis de Belleval (1)

(1) *Souvenirs de guerre*. Paris, 1888, p. 8, 48, 44.

n'est souvent pas moins mordante, quoiqu'il fût lui-même chef de francs-tireurs. Il mentionne le surnom généralement employé de *francs-fileurs*, au lieu de francs-tireurs ; il constate au moins l'existence de brebis galeuses parmi les corps francs et parle de deux gredins de sa commune qui, un beau jour, s'armèrent de leurs fusils de braconniers émérites et partirent, en annonçant qu'ils étaient francs-tireurs. Ils furent se poster sur une route et se mirent à dévaliser les passants. Il décrit de la manière suivante l'accoutrement d'une troupe de francs-tireurs qu'il rencontra dans les Vosges : « Vêtus de blouses et de pantalons
« de toile blanche, coiffés de chapeaux de
« feutre noir, à larges bords, ils partici-
« paient du meunier et du fort de la halle,
« avec, pour l'ensemble, une certaine
« allure de brigands d'opéra-comique. Leur
« capitaine, notamment, grand escogriffe,
« aux moustaches formidables, constellé de
« médailles et tranchant du *don Quichotte*,
« aurait fait un *Fra Diavolo* très présen-
« table. On n'aurait pas aimé, sur sa mine,
« à le rencontrer le soir au coin d'un
« bois. » Notre narrateur ne trouve pas moins

ridicules les *Vengeurs de la Mort*, qu'il rencontra à Besançon : c'était une troupe de fanfarons marseillais, grotesquement affublés. Leur chef, un joli Polonais à barbe blonde, s'était fait remarquer à Besançon « par les soins qu'il prenait de sa personne « et les succulents dîners qu'il se faisait ser- « vir dans les meilleurs restaurants de la « ville ». Le marquis de Belleval nous a aussi laissé une description intéressante de Garibaldi, de son état-major et de sa troupe. « En dépouillant Garibaldi de son légen- « daire costume, consistant en un pantalon « gris, une chemise de soie rouge foncé et un « grand manteau gris jeté sur ses épaules et « dans lequel il se drapait avec art, on « n'aurait eu en face de soi qu'un beau « vieillard, à l'aspect vénérable et imposant, « à la barbe et aux longs cheveux blancs, au « visage d'une coupe ovale et régulière, « éclairé par des yeux d'une pénétrante dou- « ceur » (1). Le lieutenant, le bras droit de Garibaldi, était un nommé Bourdon, pharmacien à Avignon, qui, depuis l'expédition de Sicile, à laquelle il avait pris part, avait

(1) *Souvenirs de guerre*, p. 140 et suivantes.

jugé à propos de se nommer Bordone, afin de mieux dérouter le public sur ses antécédents judiciaires passablement accidentés... A Besançon, en raison de ses prouesses négatives et, faut-il le dire ? de son ancien métier, on disait que son emploi consistait à veiller sur les derrières de l'armée !...
« Le plus marquant après Bordone, dans
« cette étrange collection, était le nommé
« Delpech, d'abord homme de peine dans une
« brasserie, puis lampiste, puis sous-préfet
« d'Aix au 4 Septembre, et enfin préfet des
« Bouches-du-Rhône ». « L'adjudant-
« major avait un nom de perroquet : il
« s'appelait Jacquot, dont il avait brave-
« ment fait *de Saulcy*. Ses véritables états de
« service n'auraient dû comporter que cette
« modeste désignation : ancien ferblantier-
« lampiste, ancien ouvrier au canal de
« Suez. » « Ce que, dans une proclamation,
« Garibaldi appelait un noyau cosmopolite,
« choisi dans l'élite de toutes les nations,
« était un ramassis de déclassés et d'aventu-
« riers français, italiens, hongrois et polo-
« nais. Il y avait de tout : des repris de justice
« et des professeurs, des déserteurs et des
« étudiants. » « Les Français qui avaient en-

« dossé la chemise rouge, ne valaient pas le
« plomb dont ils avaient le plus grand soin
« de se garantir. Loin d'être l'élite de la na-
« tion, c'était l'écume de la France. Ce n'était
« que pour piller qu'ils n'avaient pas leurs
« pareils. » « Rien n'était trop beau ni de
« trop bonne qualité pour ces messieurs : il
« leur fallait les draps les plus soyeux, et ils
« n'auraient pas toléré que leurs boutons et
« leurs galons fussent autrement qu'en argent
« fin. » « Malgré l'attrait de ces costumes dis-
« pendieux et d'une solde qui ne se laissait
« jamais attendre, le recrutement de la lé-
« gion se faisait si mal qu'on émit les deux
« propositions saugrenues suivantes : d'or-
« ganiser les voleurs qui se trouvaient en
« prison sous le nom de *Corps des Détenus*
« et de réunir dans le *Corps des Isolés* les
« déserteurs, les traînards de toutes armes
« que l'on ne rencontrait que trop fré-
« quemment par les chemins et les vil-
« lages. » « Ces deux corps eussent été bien
« à leur place dans l'armée de Garibaldi. »

Ni les costumes, ni les noms n'eurent
l'effet qu'on en attendait, à moins qu'on
n'accepte comme sources dignes de foi les
récits de plusieurs francs-tireurs eux-mêmes

ou les nombreux romans et nouvelles publiés en France et qui racontent et vantent leurs actions héroïques (1). Leroy-Beaulieu (2) trouvait qu'on avait commis une première erreur en attribuant aux corps francs une importance dominante, au lieu de les regarder exclusivement comme les auxiliaires et les avant-coureurs de l'armée, et une autre méprise en les laissant se diviser en un nombre incalculable de petites troupes. Leur morcellement infini satisfaisait plutôt les ambitions locales, leur activité produisait, en fin de compte, plus d'agitation que de résultats pratiques. Monod (3) croyait que les mœurs françaises étaient trop douces pour rendre possible une vraie guerre de partisans, qu'on trouvait en France trop peu de gens assez résolus pour tuer de sang-froid et pour faire d'avance le sacrifice de leur vie, dans le cas où ils seraient pris. La guerre de guérillas aurait dû être faite par des volontaires armés à leurs propres frais et qui, habitués au maniement des armes, à la course et à la chasse, auraient guerroyé dans

(1) Comp. mon *Histoire littéraire de la guerre*, p. 135 et suiv. — (2) *Revue des Deux-Mondes*, vol. 92, p. 148. — (3) *Ouvrage cité*, p. 107 et suiv.

leur propre pays, dont ils auraient connu tous les sentiers, toutes les retraites. Au lieu de cela, les francs-tireurs avaient été équipés par les municipalités des villes et, livrés à eux-mêmes, ils avaient gaspillé les fournitures et l'argent qu'on leur avait donnés ; on les avait de plus envoyés dans des régions qu'ils ne connaissaient pas. Monod ajoute que ces francs-tireurs se recrutaient souvent parmi des gens désireux d'échapper à la discipline militaire, au campement en plein air et aux dangers sérieux des vraies batailles. La plupart d'entre eux n'ont jamais vu le feu. Les jours de bataille, on les voyait errer sur toutes les grandes routes, à la recherche de leurs compagnons, les cherchant naturellement du côté où ne grondait pas le canon. Certains corps de francs-tireurs s'étaient recrutés de vrais bandits, la terreur du paysan, qu'ils pillaient, battaient et ne défendaient pas et dont la maison était souvent, après leur départ, brûlée par l'ennemi (1).

(1) Comparez aussi la description des francs-tireurs dans la *Débâcle* de ZOLA. Voyez mon *histoire littéraire*, p. 210. Comparez aussi HALÉVY, *L'invasion*, éd. par Fournier. Bielefeld et Leipzig, 1894, p. 120 et suiv.

Ce n'est que par exception que les francs-tireurs répondirent en quelque manière aux espérances qu'on avait fondées sur eux. Sarcey (1) vante la conduite des tireurs *Lafont-Mocquart* qui, partis pour Sedan au nombre de 960, n'étaient que 167 à leur retour ; il vante aussi les *Lipowski-Aronsohn*, qui défendirent Châteaudun, mais dont les hauts faits sont bien rabaissés par Montarlot (2), qui les vit à l'œuvre. Selon ce témoin oculaire, Lipowski lui-même a été le principal panégyriste de ses actes et de sa troupe. Dans son rapport sur le combat de Châteaudun, il prétendit que son bataillon avait été soutenu seulement par quelques francs-tireurs de Nantes, que ses troupes avaient continué le combat jusqu'à 11 heures et demie du soir, que la ville entière avait été réduite en cendres, que ses tireurs avaient couvert le départ des habitants en fuite, et que, le lendemain du combat, le faubourg Saint-Jean et le village de Saint-Denis-les-Ponts avaient été bombardés par les Allemands, quoique ces localités n'eussent pas été défendues. Montarlot

(1) *Ouvrage cité*, p. 187. — (2) *Ouvrage cité*, p. 112 et suiv.

constate au contraire que le combat était terminé longtemps avant 11 heures et demie, qu'un tiers de la ville tout au plus fut détruit par le feu, que Saint-Jean et Saint-Denis-les-Ponts n'ont jamais été bombardés et que personne n'a couvert le départ des habitants ; que c'étaient au contraire les bourgeois qui avaient couvert de leur défroque beaucoup de francs-tireurs pour faciliter leur fuite. Les données de Lipowski sur ses pertes ne sont pas moins fausses : il y eut 66 tireurs tués ou blessés, et non pas 200. — Nous voyons ici comment les légendes se forment, car ce chef de francs-tireurs, que d'autres écrivains français ont loué outre mesure, n'est, à y regarder de près, qu'un vulgaire fanfaron. Nos sources françaises nous montrent que la plupart de ces troupes tant vantées de francs-tireurs comptaient bon nombre d'individus semblables. L'ardent patriote Entz (1) lui-même ne peut nommer, parmi les innombrables corps francs, qui infestaient les Vosges, que la *Légion bretonne* qui ait rendu quelques services.

Le gouvernement français reconnut trop

(1) *Delenda Germania*. Paris, 1871, p. 143.

tard la faute qu'il avait commise en admettant les francs-tireurs ; c'est en vain qu'il essaya dans la suite de leur inspirer le courage qui leur manquait (1) ou de les incorporer dans l'armée régulière (2). A Paris, on s'efforçait de les englober dans l'armée; on entravait leurs entreprises particulières ou, si on les leur laissait exécuter, c'était sans trop compter sur le succès. Tout bien considéré, on en vint, en France aussi, à trouver, comme de Moltke (3), que l'institution des francs-tireurs ne faisait que rendre plus âpre le caractère de la guerre et qu'augmenter les souffrances du pays. Monod croit que toutes les personnes sérieuses en sont arrivées à reconnaître que les *services* rendus par les francs-tireurs n'ont pu réparer les maux qu'ils ont causés.

Pendant la guerre, on n'a jamais douté en France qu'on n'eût le droit de créer des troupes de francs-tireurs. Bien plus, dans les ouvrages qui traitent de la guerre franco-

---

(1) Comparez le décret de GAMBETTA, du 4 novembre, concernant les francs-tireurs dans HIRTH, III, p. 3117. — (2) Voyez entre autres le décret du 8 novembre dans HIRTH, III, p. 3148. — (3) *Ouvrage cité*, p. 69.

allemande, on a toujours posé en principe que tout homme valide a le droit de prendre les armes et de faire à l'envahisseur autant de mal que possible, sans attendre les ordres d'un général ou d'un colonel. On a fait remarquer que, pendant les guerres d'indépendance, l'armée allemande était en partie composée de corps francs et que Schill, Koerner et Friesen ont été célébrés et admirés par les Allemands. Mais, tout en citant l'exemple des guerres de délivrance, on s'est gardé en France d'en tirer la conséquence que le vainqueur eût le droit de punir les civils qui prenaient les armes. On avait oublié les paroles adressées au prince Eugène, par Napoléon, en date du 15 mars 1813 : « A la moindre insulte d'une ville, « d'un village prussien, faites-le brûler, fût-« ce même Berlin (1) », et le rapport présenté par ce prince, quinze jours plus tard (28 mars 1813), dans lequel, après avoir raconté qu'on avait fait fusiller quelques centaines de citoyens de Brême, il ajoutait : « Votre « Majesté verra *avec plaisir* qu'on a pu faire « un bon exemple d'une partie des séditieux. »

(1) BORCHARDT, p. 77.

Quelques voix seulement reconnurent dans la suite que les Allemands avaient le droit d'user de représailles. Sarcey (1) fait le raisonnement suivant : « Un régiment loge « dans un village, on lui tue quelques-uns « de ses hommes ; il met le feu au village « par représailles. Cela est abominable « sans doute, mais se justifie et même jus- « qu'à un certain point s'excuse par le « besoin qu'une armée en marche a de « maintenir sa sécurité », et Monod (2) dit : « Les Prussiens ne pouvaient pas reconnaître « aux francs-tireurs le caractère de belligé- « rants ; leur sécurité exigeait la sévérité « la plus terrible envers eux, et ils étaient « en droit de fusiller leurs prisonniers. « Mais la douceur des mœurs s'opposait à « la stricte exécution de cette règle redouta- « ble de la guerre de partisans ; les francs- « tireurs faisaient souvent des prisonniers « et souvent ils étaient eux-mêmes faits « prisonniers. Lorsqu'ils combattaient à « visage découvert et non en embuscade, « les Prussiens ne leur appliquaient pas « d'ordinaire la rigueur des lois de la

---

(1) *Ouvrage cité*, p. 267. — (2) *Ouvrage cité*, p. 106 et suiv.

« guerre. » Le comte d'Hérisson(1) déclare, en ajoutant que c'était aussi l'avis de tous les hommes de guerre qu'il avait fréquentés, que, s'il était général et qu'il pénétrât en Prusse, il ferait absolument comme les Prussiens, et ferait passer par les armes tous les irréguliers qui lui tomberaient sous la main. Mais en général les mesures de répression de l'armée allemande furent représentées comme impitoyables, cruelles et inhumaines. C'est ainsi que l'esprit de vengeance, qui avait donné naissance aux corps francs, ne contribua qu'à faire du mal à la France et à augmenter encore la rage qu'on ressentait contre un vainqueur chargé déjà des noms les plus odieux. Les plaintes furent justifiées en apparence par la rudesse inflexible, mais nécessaire de l'armée victorieuse. Mais les Français auraient dû reconnaître qu'ils avaient eux-mêmes causé cette aggravation des maux de la guerre et que, d'une lutte entre soldats, ils avaient fait eux-mêmes une guerre perfide et cruelle de peuple à peuple.

(1) *Journal d'un officier d'ordonnance*, dans de BELLEVAL, p. 46.

VII. — LA CHASSE AUX ESPIONS.
CRIS DE TRAHISON.

La recherche des espions devint toujours plus fiévreuse parmi les Français, à mesure que la campagne se prolongeait ; elle provenait d'une peur exagérée, mêlée d'ignorance et de désir de vengeance. On commença cette chasse aux espions avant que le premier choc des armées eût eu lieu. Déjà le *Charivari* du 30 juillet racontait en plaisantant, il est vrai, mais non sans exciter la fibre patriotique, l'histoire de deux soldats français qui s'étaient arrêtés devant une brasserie, à Strasbourg. Ils avaient soif, mais n'osaient entrer, car leur bourse était bien plate. Un paysan s'approche et leur demande où l'on pourrait bien boire un verre de bonne bière. On lui indique la *Cigogne tricolore*, et notre homme invite amicalement les soldats à l'accompagner, pour voir si la bière en question est vraiment aussi bonne qu'ils le prétendent. Les soldats hésitent, mais le paysan sait les en-

gager à le suivre, en leur disant qu'il serait heureux de pouvoir régaler deux braves défenseurs de la patrie. Il leur fait servir chope sur chope et se met tout doucement à parler de choses militaires, leur demande quel est l'effectif des bataillons de chasseurs, s'informe des chefs, fait des questions sur l'armement, sur les mitrailleuses, sur la manière d'attaquer des turcos, et finit par parler de bombardes. Par une maladresse bien sotte, de la part d'un espion déguisé en paysan, il sort de sa poche le dessin d'une bombarde et se trahit de cette manière. Nos deux braves l'empoignent et le livrent à l'état-major de la garnison (1). — Le 17 août, un certain de Forville racontait très sérieusement ce qui suit : « Il y a quelques jours, le
« maréchal Bazaine avait réuni à sa table sa
« famille, dont plusieurs membres servent
« dans l'armée. Le repas fut servi par un do-
« mestique qui avait si bonne mine que la
« maréchale ne put s'empêcher d'en faire la
« remarque après le dîner. Le maréchal ne
« fit d'abord que rire de l'étonnement de sa
« femme, mais, comme les femmes sont

---

(1) LEROY, *L'Espion*, endroit cité.

« plus rusées que les plus rusés des hommes,
« la maréchale persista dans sa manière de
« voir, jusqu'à ce qu'enfin le domestique
« fût arrêté. C'était un officier prussien » (1).
Des histoires semblables excitaient naturellement les populations. On voit par de nombreux récits qu'au commencement de la guerre quiconque ne croyait pas aveuglément aux succès inventés passait d'abord pour un mauvais patriote, puis risquait d'être arrêté comme espion. Achard (2) entendit parler, à Metz, le 3 août, d'une fausse nouvelle de victoire : vingt mille morts, trente mille prisonniers, cent canons pris à l'ennemi. Il hasarda quelques observations timides sur la créance qu'on pouvait bien accorder à cette nouvelle. Aussitôt on l'entoura en murmurant et en le montrant du doigt. Un portier de la gare lui demanda ses papiers, d'un air sombre et en fronçant les sourcils. « Je montrai mon laissez-pas-
« ser. » « Cela ne prouve rien ; il y a des
« gens qui signent tout ce qu'on leur pré-
« sente ! » On m'ordonne de quitter l'inté-

---

(1) Hirth, I, 1186. — (2) *Une nuit à St-Avold*, dans l'Offrande. Paris, 1873, p. 55.

rieur de la gare. « On me prenait évidem-
« ment pour un espion ! » Ce qui arriva à
Achard est arrivé à bien d'autres. Lorsque
la première nouvelle des défaites arriva,
Paris et tout le pays furent pris d'une véritable fièvre d'espions. On trouva dans
l'espionnage des Prussiens l'explication des
revers des armées françaises. « Il y eut une
« semaine ou deux où toutes les têtes furent
« à la lettre tournées et renversées par cette
« préoccupation de l'espionnage ennemi,
« préoccupation terrible, qui avait fini par
« tourner en folie. On voyait des espions
« partout. Un des écrivains qui sont le plus
« constamment à l'affût de tous les modes
« de l'esprit parisien pour les traduire en
« articles, Timothée Trimm (Léo Lespès),
« disait dans un article qui ne fit sourire
« personne, tant il est vrai qu'il était l'ex-
« pression de la peur publique :
 « On craignait autrefois à Venise les
« agents du Conseil des Dix, on les voyait
« sur les lagunes, ou bien au bout des échel-
« les de cordes, ou bien encore derrière le
« vitrage des confessionnaux; eh bien ! le
« Conseil des Dix était une réunion de
« prud'hommes en comparaison de la po-

« lice militaire des Prussiens..... On les
« voit de tous côtés, ces espions, sous tous
« les costumes. Hier, c'étaient un cocher et
« un charbonnier qu'on arrêtait. Cocher et
« charbonnier étaient des espions; on recon-
« nut l'un à ce qu'il prenait sa gauche, à l'alle-
« mande, en conduisant; l'autre à ce qu'il
« avait les mains trop noires. A la porte
« Maillot, à deux pas des fortifications, on
« s'attroupe autour d'un marchand d'im-
« primés. Il vend la *Biographie du brave
« général Uhrich, gouverneur de Stras-
« bourg*, et ne la vend qu'un sou. Achetez,
« messieurs. Une femme lui tend une pièce
« de cinquante centimes; il fouille dans la
« poche de son gilet, d'où s'échappent des
« napoléons d'or, qui le trahissent. C'était un
« espion..... Ce matin une dame passe auprès
« du palais de l'Industrie; costume décent et
« de bon goût, robe de soie noire, chapeau de
« velours, voilette épaisse tombant sur le
« visage qu'elle couvre. Un curieux la suit,
« lui offre son bras, la presse de plus près;
« quand tout à coup, un coup de vent inat-
« tendu ayant écarté le voile, il croit voir
« sur le visage de la belle le bleu du rasoir...
« C'était un espion..... »

« Durant quinze jours, l'imagination des
« Parisiens fut perpétuellement hantée de ce
« spectre de l'espionnage. On arrêtait à tort et
« à travers les plus honnêtes gens du monde,
« qui avaient grand'peine à se soustraire aux
« fureurs de la foule ameutée. On les con-
« duisait au poste le plus voisin, où ils se fai-
« saient reconnaître et recevaient des excu-
« ses. C'est ainsi que notre confrère Lomon,
« qui a bien la plus placide apparence qui
« soit au monde, fut traîné à la préfecture.
« C'était son air bienveillant qui lui avait joué
« ce tour. Tant de bonhomie devait être feinte
« et avait paru suspecte. On assure même
« que le général Trochu fut arrêté lui aussi
« par des gardes nationaux trop zélés, et rit
« beaucoup de la méprise. Malheur à qui
« parlait avec l'accent alsacien! il était sûr de
« son affaire. Je sais tel de mes amis, enfant
« de la patriotique Alsace, qui s'était con-
« damné à ne plus dire un mot en public. Il
« avait été deux fois victime de ces erreurs
« désagréables. La plaisanterie, comme il
« arrive toujours en cette ville, s'en était mê-
« lée. Les mystificateurs criaient *au Prussien*
« et se tenaient les côtes, en voyant la figure
« ahurie du pauvre diable, appréhendé au

« collet. Un débiteur, pressé dans la rue par
« un tailleur ou par un bottier indiscret,
« le désignait à haute voix comme espion,
« et se sauvait en riant de tout son cœur.

« Parfois, le soir, on voyait se former len-
« tement des groupes de nez tendus en l'air ;
« le groupe ne tardait pas à devenir foule.
« Qu'est-ce qu'on regardait avec cette atten-
« tion?... Une lumière qui brillait au qua-
« trième étage, et se promenait de chambre
« en chambre. Une lumière! à dix heures du
« soir! au haut du toit d'une maison ! ce ne
« pouvait être que des signaux. Ce sont des si-
« gnaux...Tenez! voyez-vous le reflet vert?...
« Et les commentaires allaient leur train....
« Je connais le portier, sa femme est Prus-
« sienne, elle cache des espions, cela est
« sûr... ils veulent livrer Paris... La garde
« nationale arrivait, une escouade s'emparait
« du concierge tremblant et montait avec
« lui sous les combles. Là, on trouvait
« presque toujours une honnête famille
« causant ou lisant sous la lampe fidèle...

« — Mais ces mouvements de la lumière
« qui passait d'une fenêtre à l'autre ?

« — C'est que nous étions allés chercher
« quelque chose dans l'autre chambre.

« — Et le reflet vert?

« — C'est que notre papier de tenture
« est en effet de nuance verte.

« Un jour, ou plutôt un soir, un objet
« extraordinaire dont la couleur passait du
« rouge au vert ou au bleu, sous la lumière
« d'une bougie, qu'on voyait se promener
« avec des allures inquiétantes, ameuta tout
« un quartier, qui, ne pouvant s'expliquer ce
« phénomène, parlait de saccager et de brû-
« ler cet observatoire. On fit invasion dans le
« domicile, et derrière la fenêtre on trouva,
« sur son perchoir, un perroquet empaillé,
« sur qui se jouaient les rayons d'une bou-
« gie en mouvement ! (1) »

En province, c'était comme à la ville.
Montarlot écrivait à Châteaudun, le 5 et le
17 octobre : « La force publique, sous l'em-
« pire d'une hallucination chronique, voit
« partout des espions prussiens : c'est le
« rêve du jour. Malheur aux étrangers de
« bonne mine qui, surpris par l'interruption
« du chemin de fer, n'ont pas eu le temps
« de regagner leurs foyers ! Malheur aux
« ouvriers en quête d'ouvrage et dont le nez

---

(1) SARCEY, *Ouvrage cité*, p. 92 et suiv.

« mal tourné déplaît à quelque franc-tireur !
« Malheur surtout aux gens barbus qui man-
« quent de linge frais et dont le costume
« râpé présente des lacunes ! Tout cela est
« interpellé, arrêté, ficelé, coffré sans exa-
« men. Une remarque insignifiante, un
« fragment de journal au fond d'une poche,
« quelques notes sur un calepin, une démar-
« che incertaine, une station prolongée sur
« un trottoir, telles sont les charges qui
« suffisent à motiver une arrestation. N'ai-je
« pas vu mettre ainsi la main sur un con-
« seiller de préfecture corse, à qui des offi-
« ciers de mobile reprochaient amèrement
« de ne leur avoir pas laissé lire une lettre
« qu'il écrivait à sa femme, et dont les détails
« intimes, — très intimes même, — ne parais-
« saient pas destinés à recevoir la publicité
« des corps de garde ? N'ai-je pas vu inter-
« ner dans un hôtel un capitaine d'une
« garde nationale voisine, dont le chapeau
« à larges ailes avait ému la gendarmerie ?...
« Aujourd'hui encore, un franc-tireur s'in-
« géniait à maltraiter un vagabond des plus
« inoffensifs, et lui tirait les cheveux sous
« prétexte de s'assurer qu'il ne portait pas
« de faux toupet. Les gardes nationaux eux-

« mêmes s'animaient plus que de raison.
« Un d'eux, ventru comme un mandarin,
« parlait tout bonnement de fusiller l'inculpé
« sur place. Ces procédés sommaires cons-
« tituent ce qu'on est convenu d'appeler la
« justice du peuple. Deux heures après, il
« est tombé sous la griffe de l'autorité mili-
« taire un bon vieux domestique dont les
« papiers visés, timbrés, scellés, signés et
« contre signés défiaient les soupçons du
« plus farouche inquisiteur. N'importe ! le
« malheureux a été incarcéré et inculpé
« d'*allures suspectes.* » Une autre fois, « c'est
« le président du tribunal qui a payé sa
« dette à la monomanie des gardes natio-
« naux. Des commères l'ont aperçu sur la
« route de Courtalain, au moment où, fer-
« mant un livre, il se baissait contre des
« ceps à demi dépouillés, et allumait une
« cigarette à l'abri du vent. Dénonciation
« est aussitôt faite à l'autorité militaire de
« l'endroit. Une demi-heure après, quatre
« hommes et un caporal envahissent le parc
« et procèdent à l'arrestation du promeneur
« suspect dont ils ont suivi la piste. Celui-ci
« se fait connaître. N'importe, il y a un
« ordre, et les gardes nationaux l'exhibent :

« c'est une réquisition en règle, à l'effet
« de rechercher et arrêter un individu
« vêtu de noir, coiffé d'un feutre gris, por-
« tant des lunettes, ayant sous le bras un
« calepin, et parcourant les campagnes en
« prenant des notes ou traçant des plans;
« s'il ne peut être trouvé sur le territoire de
« la commune, se transporter rapidement à
« Douy, y donner le signalement ci-dessus;
« ne rien négliger en un mot pour décou-
« vrir ce dangereux espion. On devine
« comment la scène s'est terminée » (1).

Toutes les victimes de la crainte des espions ne s'en tirèrent pas à si bon compte. Ma-
ret (2) raconte ce qui venait d'arriver au concierge d'un de ses amis : « Il se trouvait sur
« l'impériale de l'omnibus et parlait des dan-
« gers du pays. Trois hommes se précipitent
« sur lui, le criblent de coups, le font descen-
« dre ; des sergents de ville l'empoignent,
« et, à coups de pied, à coups de poing, le
« conduisent au poste. Ce n'est qu'après trois
« jours de démarches, que mon ami a pu re-
« tirer son concierge de la préfecture. » L'au-

---

(1) Comparez aussi Hirth, I, p. 993. — (2) *Charivari*, 22 août 1870.

tre jour, raconte Paul Parfait, du *Charivari*, il a fallu tout le sang-froid du commissaire de police des Halles pour sauver un commerçant de la rue Saint-Denis, que la foule menaçait d'écharper. Sur le chemin même de la préfecture, et tout protégé qu'il était par une escouade de sergents de ville et de gardes de Paris, le malheureux a failli être jeté à l'eau. Tout cela parce qu'un mauvais drôle avait eu l'idée de mettre sur la devanture du boutiquier une pancarte ainsi conçue : « Ici on protège les Prussiens. » Cet homme était un pur Parisien, lieutenant de la garde nationale. Un mot mal entendu, mal interprété, est prononcé sur le boulevard, à l'entrée de la rue Richelieu, au seuil de l'établissement de change de MM. Dreher et Léon, et soudain ce mot, que l'on croit favorable aux Prussiens, ameute contre cette maison les emportements de tous les groupes. — A bas les Prussiens ! Et des pierres sont lancées contre la maison, dru comme grêle. L'établissement est fermé. Les vitres sont brisées, et sur les volets, un citoyen écrit : Fermé pour cause d'insulte à la France. — Fermé jusqu'à la prise de Berlin. Ordre du peuple. Même manifestation contre la maison de M. Hirsch, marchand de matières d'or et d'argent, rue Richelieu, 97. — Une main écrit sur les volets : Mort aux Prussiens! Article 77 du Code pénal.— Mort aux traîtres ! (1). Un pauvre garçon d'une commune près de Châteaudun eut un jour la malheureuse idée d'aller voir passer des troupes. « La démarche a paru suspecte; le « curieux a été appréhendé (le 15 novembre), « traduit devant la cour martiale sous l'in- « culpation d'espionnage, condamné à mort « et fusillé le 16 » (2). La plus triste victime de la frénésie populaire fut M. de Marey d'Ordières, propriétaire du château de Brétanges, un des personnages les plus considérés de la Dordogne. Sur la place du marché de Hautefage, près de Nontron, il est accosté par un groupe de jeunes gens surexcités. Il répond aux questions qu'on lui pose, mais on croit comprendre qu'il a crié : « Vive la Prusse ! » Suivant d'autres sources, quelqu'un aurait dit tout haut que M. de Marey faisait passer de l'argent en

---

(1) Cozic, *Illustration* du 13 août. Comp. aussi Hirth, I, p. 662 et suiv.— (2) Montarlot, *Ouvrage cité*, p. 137.

Prusse (1). Immédiatement il est frappé; on lui déchire ses habits, on le foule aux pieds. On le traîne par les rues jusqu'à la place de foire, où ces furieux le torturent et finalement le brûlent sous un tas de bois vert. Le bois vert ne voulant pas bien s'allumer, ces misérables jettent de la paille dans le bûcher pour activer le feu! Leur victime était un honnête homme d'un patriotisme éprouvé (2).

Des faits aussi révoltants donnèrent enfin à réfléchir, même aux journaux qui avaient le plus contribué à exciter les foules. Nous nous contenterons de donner comme caractéristique, une protestation de ce même *Charivari* auquel nous avons emprunté notre première histoire d'espionnage. Parfait écrivait le 12 août à peu près ceci : « Cer-
« tains journaux ne cessent de nous chanter
« avec une telle passion la chanson de l'or
« prussien, que nous leur demandons grâce.
« A en croire certaines feuilles pessimistes,

---

(1) Des démocrates fougueux ont répandu les mêmes bruits sur d'autres gentilshommes du Midi. Je connais un gentilhomme provençal très considéré, qui était soupçonné d'avoir envoyé à Bismarck un wagon plein d'or. — (2) *Illustration* du 27 août, et GUILLEMOT, dans le *Charivari* du 23 août.

« il n'y aurait en France que des espions et
« des vendus. Vous parlez à quelqu'un d'une
« manière qui lui déplaît : c'est l'or prussien
« qui vous fait parler. Un autre ne dit rien :
« c'est l'or prussien qui lui ferme la bouche.
« Une fausse nouvelle circule : c'est encore
« l'or prussien. On entend un cri : ce ne
« peut être que l'or prussien qui le fait pous-
« ser. Il se passe quelque chose de désa-
« gréable : vite l'or prussien, toujours l'or
« prussien ! Cela devient fastidieux. Heureu-
« sement que ces mêmes journaux se tuent
« de vous répéter tous les jours que la Prusse
« n'a pas le sou dans ses caisses. Où pren-
« nent-ils l'or prussien ? »

En effet, le *Journal de Paris* s'était déjà fait écrire de Berlin, en date du 24 juillet, que la situation des finances prussiennes était très précaire. Vous pouvez vous tenir pour assurés, disait le correspondant berlinois (évidemment imaginaire) de ce journal, que si la guerre dure seulement deux mois, on n'aura plus un centime ici, ni à la Bourse ni dans les caisses publiques (1). D'autres feuilles avaient accueilli cette nou-

---

(1) PFAFF. *Ouvrage cité*, p. 47.

velle avec empressement et avaient richement brodé sur ce sujet.

La croyance aux espions était naturellement accompagnée de cris de trahison, qui se firent entendre tout de suite après Reichshoffen. Le *Journal de Paris*, du 12 août, s'exprima à peu près en ces termes : « Le « simple soldat ne comprend rien à ce qui « se passe ; après une défaite il répond : « Nous sommes trahis ! » — Pour le soldat « français, ne pas être vainqueur, c'est être « trahi. » Le 28 mai 1871, Trochu disait dans une séance de l'Assemblée nationale : « Après une défaite, tout le monde déclare « les généraux incapables. De tout temps et « sous tous les gouvernements, la foule n'a « jamais eu qu'un moyen d'exprimer sa « colère contre les généraux ; elle les déclare « traîtres et vendus, car, en France, la défaite « ne peut avoir que deux causes : l'inca- « pacité ou la trahison. » Lorsque la bataille de Sedan fut perdue, Napoléon devint le « grand traître », et les journaux insultaient à qui mieux mieux au vaincu. Lorsque Bazaine capitula à Metz, Gambetta donna le signal des cris de trahison (1) qui condui-

(1) Pour le texte de ses proclamations, voyez

sirent au procès de Bazaine. Cela n'empêcha pas Gambetta lui-même de passer pour un traître aux yeux de beaucoup de gens (1). A Paris, « on avait remarqué que les « Prussiens étaient toujours prévenus du « lieu où devaient se faire nos attaques et « que nous les trouvions toujours sur leurs « gardes. Par qui pouvaient-ils être ainsi « avertis à point nommé, sinon par les con- « fidents de M. Trochu, les seuls qui fus- « sent dans le secret des expéditions proje- « tées? (2) ». Un orateur du club Favié, dans le quartier de Belleville, savait exactement comment les choses se passaient : Trochu était entouré d'ignorants et de jésuites. Sous prétexte de recueillir les blessés et d'enterrer les morts, ces gens, protégés par la Croix-Rouge, s'approchaient des avant-postes prussiens et leur faisaient des communications sur nos entreprises militaires (3). D'après d'autres personnes, qui

---

HIRTH, I, 3044, 3076; PFAFF, p. 335. Comparez aussi la citation tirée du *Moniteur*, dans HIRTH, I, 3046. — (1) HALÉVY. *L'Invasion,* endroit cité, p. 122. — (2) SARCEY, *Ouvrage cité*, p. 276. Comp. aussi la *Défense de Trochu* contre ces soupçons, dans le *Moniteur officiel* de Paris, du 11 janvier 1871; dans HIRTH, III, 4670. — (3) HIRTH, III, 4188.

prétendaient être mieux informées, c'était le maréchal Lebœuf qui était le principal traître. « Depuis des années, il recevait une « forte pension de Bismarck. Sans qu'on « s'en aperçût, il a détruit notre armée. « L'empereur ne savait rien » (1). Lorsque, à Paris, les communards assaillirent le gouvernement provisoire, celui-ci leur reprocha d'agir de concert avec l'ennemi, et beaucoup de gens croyaient en effet qu'ils étaient à la solde de Bismarck. — C'est encore dans la vanité nationale qu'il faut chercher la source de cette croyance aux espions et aux traîtres, croyance qui revêtait un caractère maladif et superstitieux. La vanité française se refusait et se refuse souvent encore à croire à des défaites justes et méritées, bien que des faits indiscutables aient prouvé l'absurdité des idées d'espionnage et de trahison qui hantèrent les esprits pendant toute la campagne.

(1) HALÉVY, *Ouvrage cité*, p. 123.

VIII.- ESPÉRANCES DE VICTOIRE

FAUSSES NOUVELLES DE SUCCÈS

Le malheureux, en train de se noyer, se raccroche au moindre fétu de paille qui se trouve à sa portée; ainsi fait le vaincu, qui se rattache à la moindre lueur d'espérance, et cela avec d'autant plus d'ardeur, quand il se croit supérieur à son ennemi. L'affamé se repaît volontiers en imagination de mets succulents; le vaincu rêve de succès inouïs; il voit dans un mirage les victoires que lui refuse la triste réalité. En cela les peuples sont comme les individus. Il ne faut donc pas s'étonner de voir, pendant toute la campagne, les bruits les plus fabuleux de défaites des Allemands trouver partout en France des auditeurs empressés et crédules.

Entz (1) et d'autres feignent de croire que les fausses nouvelles de victoires des Fran-

---

(1) *Delenda Germania*, p. 114.

çais ont été répandus en France par des agents allemands. Ces bruits auraient eu pour but de faire passer rapidement les populations de l'enthousiasme à l'abattement, de la joie au désespoir, et de décupler ainsi l'effet des batailles perdues ; c'est ainsi que les uns auraient perdu courage, que les autres auraient senti fléchir leur ardeur de résistance, que le pays aurait été livré à l'ennemi pieds et poings liés. Il nous semble impossible d'admettre que quelqu'un en France ait pu prétendre de bonne foi une chose pareille, et qu'il se soit trouvé des gens pour prendre au sérieux des absurdités semblables. Nous venons de voir qu'on regardait justement comme des espions prussiens les personnes qui, plus réfléchies que les autres, osaient émettre un doute sur les victoires qu'on annonçait. Gambetta lui-même aurait été un des plus zélés agents de la Prusse. C'est par centaines qu'on pourrait relever dans la littérature de la guerre franco-allemande, les plaintes des Français contre Gambetta et la Délégation de Tours, qui faisaient mention d'événements toujours favorables, toujours glorieux pour les Français, croyant sans doute par ces nouvelles encourager l'esprit de résistance du pays (1).

Les explications de Sarcey (2) sont plus sensées. Selon lui, « c'était dans toute la « presse française comme un parti pris de « mensonges, qui flattaient la vanité natio- « nale ». Lorsqu'il n'y eut presque plus moyen de nier les progrès des ennemis, on inventa au moins des excuses. « Nos « défaites étaient plus glorieuses que des « victoires, et l'on disait de la journée de « Wœrth que c'était un revers triomphant. « On exaltait la gloire de nos retraites, « et l'héroïsme des soldats qui les exécu- « taient. » « Faute de victoires véritables, « on en inventait de fausses. » « Paris dévo- « rait ces histoires. Un de mes amis, homme « de beaucoup d'esprit, mais légèrement scep- « tique, avait le privilège d'en inventer d'i- « nouïes, d'invraisemblables, qu'il avait le « privilège de voir gober aux nobs de ce pu- « blic crédule. Il en a mis pour son compte « une demi-douzaine en circulation ; et com- « me un jour, après l'avoir entendu conter, « de l'air le plus sérieux du monde, une de ses

---

(1) D'Hérisson, *La Légende de Metz*, 1888, p. 273 ; voyez aussi Moltke, *Ouvrage cité*, p. 267, 330, 335, 351, 356. — (2) *Ouvrage cité*, p. 10, 13.

« bourdes habituelles, je lui demandais quel
« plaisir il trouvait à cet exercice : — Moi !
« aucun, me dit-il, c'est par philanthropie.
« Voilà des gens qui vont s'aller coucher
« sur des pensées riantes ; ils feront les
« rêves les plus agréables du monde ; ils
« seront heureux jusques à demain. Ce
« n'est donc rien que cela ? — Ce qu'il y a
« d'étonnant, c'est que je lui ai vu mettre
« vingt fois la crédulité des Parisiens aux
« plus rudes épreuves, sans la lasser ja-
« mais. Tel est leur penchant à se repaître
« de nouvelles qui les flattent ! » (1). Il
faut noter comme caractéristique la description que Sarcey fait des sentiments des
Parisiens après la bataille de Sedan et
la proclamation de la République, pendant
que les Allemands marchaient sur la capitale de la France. « Au fond de tous les
« cœurs il y avait — cela était absurde, in-
« sensé, ridicule, — mais il y avait comme
« un secret espoir que les choses s'arrange-
« raient, que les Prussiens s'arrêteraient
« en route. Sur quoi fondait-on ces illu-
« sions singulières ? Sur tout et sur rien.

(1) SARCEY, p. 14.

« Guillaume avait déclaré qu'il ne faisait la
« guerre qu'à l'empereur Napoléon. Eh
« bien ! disait-on, voilà l'empereur tombé ;
« pourquoi le roi de Prusse poursuivrait-il
« la campagne contre une nation qui ne lui
« a rien fait ? Il aura peur, ajoutait-on, de
« la République française, et de la propa-
« gande des idées démocratiques dans son
« armée. Le fait est que tous les démocrates
« de Paris adressaient de longues pan-
« cartes aux soldats ennemis, qu'ils appe-
« laient *nos frères d'Allemagne* et les col-
« laient sur tous les murs de Paris. » « On
« comptait encore sur l'intervention de
« l'Europe : la Russie ne permettra pas à la
« Prusse qu'elle poursuive des conquêtes qui
« deviendraient inquiétantes pour la sécurité
« de l'Europe. L'Angleterre doit sentir que, la
« France vaincue et dépecée, Guillaume met-
« tra la main sur la Hollande, et prétendra
« à l'empire des mers. Tous les jours nous
« lisions dans les journaux des notes, où l'on
« nous leurrait des plus belles espérances
« d'intervention prochaine. On ne citait pas,
« en revanche, les articles où le *Times* dé-
« duisait froidement les raisons qui devaient
« engager l'Europe à s'abstenir et lui con-

« seillaient une indifférence où elle n'était
« que trop encline. Mais ce qui nourrissait par
« dessus tout ce rêve insensé du public pa-
« risien, c'est cette incurable vanité qui est le
« fond de notre caractère national. La prise
« de Paris nous semblait être un mons-
« trueux sacrilège, un attentat si épouvan-
« table contre toutes les lois divines et hu-
« maines, qu'il ne pouvait pas nous entrer
« dans l'imagination que ce crime achevât
« de se commettre : non, cela n'était pas pos-
« sible. La terre s'ouvrirait plutôt et dévo-
« rerait les maudits qui oseraient porter la
« main sur l'arche sainte » (1). Sarcey dépeint comme suit le désappointement des
Parisiens, lorsqu'ils virent leur capitale
décidément étreinte par le cercle de fer :
« Nous avions jusque-là vécu sur cette
« idée qu'un investissement complet de la
« grande capitale était parfaitement impos-
« sible, à moins de douze cent mille hommes,
« et nous savions que l'ennemi était loin de
« disposer d'une aussi énorme quantité de
« troupes » (2). « Nous fûmes très surpris et
« fort déconcertés ! Le résultat poursuivi et

(1) SARCEY, p. 39, 40. — (2) SARCEY, p. 95.

« obtenu par nos ennemis dépassait toutes
« nos prévisions. Ce fut d'abord notre
« amour-propre qui souffrit. Nous avions
« tant dit et répété, sous toutes les formes,
« que Paris était le grand ressort de la pen-
« sée humaine, que s'il cessait d'émettre
« des idées et des sentiments, toute la ma-
« chine de l'univers s'arrêterait à la suite,
« et que ce serait comme un long évanouis-
« sement de la civilisation ! Il fallut bien le
« reconnaître que, si nous tenions, en effet,
« une place importante dans le monde, nous
« n'étions pas tant le cœur que cela ; et
« qu'une fois Paris retranché des nations,
« la terre n'en poursuivait pas moins sa
« course accoutumée autour du soleil ;
« l'humanité n'en continuait pas moins de
« penser et d'agir ; elle allait d'un même
« pas vers l'éternel progrès. Fâcheuse dé-
« couverte ! désillusion amère ! L'Europe et
« l'Amérique se pouvaient à la rigueur
« passer de nous ; et nous, l'univers tout
« entier nous manquait » (1).

La description que Sarcey donne de la
naïve crédulité des Parisiens trouve son

---

(1) Sarcey, p. 96.

pendant dans le tableau que Rambeau (1) nous fait de l'état des esprits à Nancy et de la surexcitation dans laquelle se trouvaient les habitants de cette ville. D'après cet auteur, les contes les plus invraisemblables étaient bien reçus de la population. « Des « dépêches fantastiques, rédigées dans le « style le plus anormal, étaient lues avide-« ment. On racontait que le prince Albrecht « et le colonel von Hartmann avaient été « tués dans le bois de Toul, et une foule « nombreuse stationna longtemps devant « l'hôtel de France, où l'on prétendait que « les cadavres avaient été apportés. Le roi « Guillaume avait failli être pris à Pont-à-« Mousson, et l'on maudissait le traître qui « avait fait manquer le coup » (2). « Un des

(1) *Revue des Deux-Mondes*, vol. 93, p. 148. — (2) Le 21 septembre des journaux de Paris ont aussi rapporté une nouvelle venue de Honfleur, d'après laquelle le roi Guillaume et Bismarck auraient risqué d'être faits prisonniers. Des francs-tireurs avaient attaqué, disait-on, la voiture dans laquelle se trouvaient le roi et son ministre. Guillaume et Bismarck s'étaient sauvés en tuant deux francs-tireurs. Sur quoi une armée de dix mille hommes était venue à leur secours. Les francs-tireurs, cachés dans une forêt, avaient tué 1,500 hommes aux ennemis, outre un personnage important. (PFAFF, p. 221 et suiv.)

« caractères de ce singulier état moral,
« presque pathologique, c'était la facilité
« avec laquelle on entendait des coups de
« canon imaginaires. Une voiture qui passait lourdement, un tonneau qu'on jetait
« par terre, suffisaient pour mettre en émoi
« toute la ville ou tout un quartier. » « Que
« de fois l'on passa de l'espérance la plus
« ardente au plus extrême abattement. » « Vers
« les premiers jours de septembre on vit,
« avec une joie mal dissimulée, les Prus-
« siens prendre des précautions extraordi-
« naires, doubler les postes, proscrire les
« attroupements, exiger le dépôt des armes.
« Il y avait dans l'air des bruits de vic-
« toire ; deux jours après, on voyait affichée,
« sans vouloir y croire, la dépêche de
« Sedan ! Au mois d'octobre, on apprenait
« que le général de Cambriels venait d'ins-
« taller son quartier général à Épinal, et se
« préparait à marcher sur Nancy ; les Alle-
« mands cachaient aussi peu leurs frayeurs
« que les Français leurs espérances. Tout à
« coup on apprenait la reddition de Stras-
« bourg, la marche de Werder et la perte
« des Vosges. A la fin du même mois, des
« paysans venus des villages du nord, assu-

« raient avoir aperçu les éclaireurs de
« Bazaine ; peu de jours s'écoulaient, et
« d'immenses convois de prisonniers fran-
« çais, des wagons remplis de généraux rou-
« laient avec fracas sur la ligne d'Alle-
« magne, au milieu de la douleur, de la
« colère et des cris furieux de la population.
« C'est surtout le 16 janvier que dans les
« cœurs, jamais lassés d'illusions, l'espé-
« rance et l'anxiété montèrent au degré le
« plus intense. Bourbaki marchait sur la
« Lorraine, assurait-on, avec 200,000 hom-
« mes, des bandes de francs-tireurs inon-
« daient les Vosges ; le 15, un de leurs déta-
« chements apparaissait en effet à Flavigny,
« à 12 kilomètres de Nancy, et occupait le
« pont sur la Moselle. Les administrations
« allemandes empaquetaient leurs archives ;
« de hauts fonctionnaires requéraient de
« la municipalité des voitures de déména-
« gement « grandes et fortes » ; on distri-
« buait secrètement des armes, pour leur
« sûreté personnelle, aux employés et négo-
« ciants allemands. Hélas ! on allait appren-
« dre la déroute de Bourbaki, la capitulation
« de Paris, et le tenace Allemand reprenait
« plus fortement la Lorraine à la gorge. »

Des descriptions semblables sont rapportées de presque toutes les contrées de la France. Il est impossible de faire mention de toutes les fausses nouvelles de victoires, répandues en France pendant la campagne et qu'on crut vraies. Citons-en seulement quelques-unes des plus surprenantes ou des plus connues.

Le 19 août, après la bataille de Gravelotte, des dépêches firent croire à la France entière que Bazaine venait de remporter une immense victoire sur l'armée allemande. Véron écrivait le 20 dans le *Charivari* : « Avec une simplicité antique, le vainqueur « de Doncourt (Bazaine) a plutôt diminué « qu'accru les proportions de la lutte et « les résultats qu'elle peut amener. L'armée « du prince Frédéric-Charles et celle du « maréchal Steinmetz paraissent avoir été « si terriblement éprouvées que leur échec « pourrait bien modifier absolument la face « des choses et nous permettre de reprendre « prochainement l'offensive. » Le même jour le ministre de la guerre annonça dans la séance du Corps législatif que, selon des informations dignes de foi, le 18 août, le maréchal Bazaine avait précipité trois corps

d'armée prussiens dans les carrières de Jaumont. Les journaux parisiens vécurent un mois entier de cet épisode fantastique (1). La *Presse* racontait : « Un chirurgien qui
« assistait à cette action, nous commu-
« nique les détails les plus émouvants. La
« charge de nos cavaliers était irrésistible.
« Ils ont d'abord chassé l'ennemi des bois
« qui environnent ces fondrières ; puis,
« arrivés à cette limite, ils l'ont jeté violem-
« ment dans cet énorme trou béant qui a
« englouti presque une armée. Les hommes
« tombaient l'un sur l'autre, pêle-mêle, dans
« une effroyable confusion. Un régiment
« de lanciers tout entier a disparu dans le
« gouffre. C'était un affreux entre-mêlement
« d'armes, d'hommes et de chevaux. Les
« rangs se renversaient sur les rangs, et,
« dans cette chute, les soldats s'égorgeaient
« entre eux, étant précipités sur les armes
« de leurs compagnons. » Le *Figaro* ajoutait les considérations suivantes : « A-t-on
« bien réfléchi aux conséquences funestes
« que cet amoncellement de cadavres en

---

(1) Voyez le récit fantastique de la *Patrie* dans HIRTH, I, p. 1280 et suiv.

« putréfaction peut avoir, au point de vue
« de la salubrité publique, dans toute la zone
« infectée? On a parlé de murer les car-
« rières. Mais est-ce un préservatif efficace
« et suffisant ? Quelques tonnes de pétrole
« répandues dans ces abîmes pestilentiels
« auraient un résultat bien plus immédiat
« et bien plus radical. Qu'on y songe ! (1) »
Plus tard des nouvelles de source française
annoncèrent qu'il n'existait pas de carrières
de Jaumont. En parlant de la même bataille,
on racontait aussi que les cuirassiers de
Bismarck y avaient été exterminés jusqu'au
dernier homme. Ils avaient attaqué une
batterie faiblement défendue par de l'infanterie. Leur première attaque fut repoussée
par le feu de l'infanterie, qui se retira ; sur
quoi les cuirassiers renouvelèrent leur
attaque. Cette fois l'artillerie française força
l'ennemi à reculer. Le premier escadron
était complètement anéanti. Les autres
firent volte-face, pour se reformer plus loin
et revenir une troisième, puis une qua-
trième fois à la rescousse. A la dernière

(1) BORCHARDT, *Ouvrage cité*, p. 43 et suiv.

charge le dernier escadron fut écrasé (1). Après la bataille de Sedan, ces mêmes cuirassiers qui, il est vrai, avaient fort souffert, furent présentés à un correspondant français ; celui-ci put constater que ces cavaliers se portaient très bien. Le 2 septembre, le *Gaulois* fit le récit suivant de la bataille de Sedan : « La bataille recommence à cinq
« heures. Les Prussiens prennent l'offensive.
« Le corps tout entier du prince Frédéric-
« Charles et une partie du corps du prince
« royal se jettent sur l'armée française.
« Nous reculons, en achevant de former
« une espèce de triangle, commencé pen-
« dant la nuit, et dont un angle est à
« Donchery, un autre à Remilly et le som-
« met à Sedan. La faute, déjà commise par
« l'armée prussienne sous Metz, est com-
« mise une seconde fois à Sedan. L'ennemi
« est attiré sous le feu des remparts, et
« des trouées énormes se font dans ses
« rangs. A midi, la déroute commence.
« Notre armée poursuit vigoureusement le
« corps du prince Charles et du prince

(1) LEROY, *Les cuirassiers blancs de Bismarck; Charivari* du 25 août.

« royal. Le carnage est terrible des deux
« côtés. Pour employer le terme qui se
« trouve dans une dépêche apportée hier
« soir à Paris, et dont nous avons eu con-
« naissance : le terrain est devenu une
« mer de sang. A ce moment, pendant que
« les Prussiens reculent vers le sud, le corps
« d'armée commandé par le général Vinoy
« les prend en flanc et achève de mettre le
« désordre dans les rangs ennemis. Une
« dépêche envoyée de la frontière belge
« constate qu'à quatre heures du soir la
« bataille continuait. Il est évident pour
« nous que la canonnade entendue jusqu'à
« cette heure de la frontière belge prove-
« nait de la dernière défense de l'armée
« prussienne couvrant sa retraite » (1).
Et encore le 4 septembre, trois jours
après la bataille de Sedan, le *Figaro* publia
l'article suivant : « D'après des renseigne-
« ments qui nous sont parvenus d'une
« source particulière, mais en laquelle nous
« avons une entière confiance, de graves
« événements se seraient accomplis le
« 1er septembre, que notre correspon-

(1) EM. LECLERCQ, *Ouvrage cité*, p. 163.

« dant désigne comme le troisième jour de
« combat. Le maréchal Mac-Mahon, après
« avoir été renforcé par le corps du général
« Vinoy, a livré un combat dans lequel nos
« armées auraient remporté un succès écla-
« tant. Les Prussiens seraient vaincus,
« culbutés, et trente canons leur auraient
« été enlevés... Enfin, si le document que
« nous recevons est exact, le mot « massa-
« cre » appliqué à l'armée allemande, ne
« serait pas une expression exagérée » (1).
Le 11 octobre, les habitants de Metz reçurent la nouvelle de trois victoires remportées
sous Paris ; cent mille Prussiens avaient été
mis hors de combat ; l'armée allemande était
en retraite sur Châlons ; des francs-tireurs
des Vosges, au nombre de trois mille,
avaient repris Lunéville et marchaient sur
Nancy (2). A Étretat on apprit, le 11 décembre, que les Prussiens étaient cernés dans
Versailles par l'armée de la Loire et, le
13 décembre, on raconta que Paris était
débloqué, Bismarck fait prisonnier et que
Ducrot marchait sur Rouen avec cent

(1) *Ibidem*, p. 171. — (2) *Souvenirs et journal d'un officier*, Paris, 1873, p. 60.

mille hommes (1). La *Liberté* faisait savoir, le 16 janvier, que Nancy était menacé, Belfort délivré, le grand-duché de Bade occupé et que Hambourg allait être bombardé (2). Le 17 janvier, les habitants de Châteaudun reçurent la nouvelle que Trochu était à Melun, Versailles débloqué, Frédéric-Charles en train de se retirer, Albert mortellement blessé, Bourbaki à Mulhouse, Garibaldi victorieux à Dijon, qu'une armée de soixante-dix mille hommes était à Auxerre. Dans une sortie que faisait l'armée de Paris, quarante mille Prussiens auraient été massacrés près du Mont-Valérien (3). Monod (4) apprit aussi de son hôte que quarante mille Prussiens avaient été écrasés près du Mont-Valérien. Il tenait cela d'un ami, qui l'avait vu. Voici comment la chose s'était passée : « Il y avait sur le Mont-Valérien trois
« généraux qui s'étaient vendus à Bismarck.
« Le jour où tout fut prêt pour livrer le fort,
« l'un d'eux remit une lettre pour Bismarck
« à un officier d'ordonnance. Celui-ci, en
« allant la porter, eut des soupçons et il la

(1) HALÉVY, *Ouvrage cité*, p. 94 et 99. — (2) HIRTH, III, 4826. — (3) MONTARLOT, *Ouvrage cité*, p. 219. — (4) MONOD, *Ouvrage cité*, p. 134.

« porta à Trochu. Le gouverneur la lut et
« lui dit : Attendez-moi ici. Il courut au
« Mont-Valérien, fit fusiller les trois géné-
« raux, revint vers l'officier et lui rendit la
« lettre en lui disant : Portez-la à son
« adresse. Bismarck fit avancer des troupes.
« On démasqua des mitrailleuses. Il en
« resta quarante mille par terre. Mon ami
« m'a dit que c'était un horrible spectacle. »
La nouvelle que les Prussiens avaient été
massacrés au pied du Mont-Valérien arriva
le 31 décembre aussi à Châteaudun; là on
apprit en même temps que Garibaldi et
Bourbaki étaient en Allemagne (1). Un
marchand de nouveautés raconta à Monod
comment la chose s'était passée. « En Alle-
« magne il y a une grande montagne.
« Bourbaki a envoyé Garibaldi à droite,
« lui-même a pris à gauche, il a délivré, en
« passant, Metz et Strasbourg. Il est entré
« en Allemagne par Maubeuge, et les deux
« armées se sont rejointes à Berlin, à l'autre
« bout de la montagne » (2). On contait que
la flotte prussienne avait été tout entière

---

(1) MONTARLOT, *Ouvrage cité*, p. 225.— (2) MONOD, *Ouvrage cité*, p. 134.

capturée d'un seul coup de filet dans le port de Jahde: « deux frégates françaises se se-« raient dévouées, et, passant sur les tor-« pilles qui en défendaient l'entrée, se « seraient ainsi fait sauter ; après quoi notre « escade aurait franchi sans péril le goulet « et pris l'oiseau au nid » (1). D'après le *Journal de Mâcon*, du 25 septembre, les 40,000 hommes de la flotte française, renforcés de tous les prisonniers français qui étaient en possession des armes destinées aux Hanovriens, auraient même pénétré jusque dans la capitale de la Prusse et l'auraient incendiée (2).

Les autres illusions qui, déjà avant la guerre, avaient donné aux Français la certitude du succès, allaient leur train à côté des fausses nouvelles de victoires. Le *Figaro* du 17 juillet racontait qu'à Berlin la crainte de la guerre avait donné à 200 personnes une diarrhée à laquelle elles avaient succombé (3). Le *Gaulois* se faisait écrire de Belgique que des soldats wurtembergeois se faisaient eux-mêmes des blessures pour

---

(1) SARCEY, *Ouvrage cité*, p. 199. — (2) PFAFF, *Ouvrage cité*, p. 233. — (3) HIRTH, *Ouvrage cité*, I, p. 189.

ne pas être obligés de prendre part à la campagne et que les soldats prussiens poussaient à coups de crosses des soldats badois dans les wagons, tandis que les femmes des Badois jetaient des pierres aux Prussiens (1). Le *Gaulois* du 31 juillet annonçait que, dans le Hanovre, on éloignait toute la population mâle, parce que la Prusse redoutait des soulèvements, et que les Hanovriens étaient renvoyés à l'armée de réserve (2); que le grand-duc de Meklembourg-Strelitz aurait refusé de prendre part à la guerre (3); que déjà au commencement d'août une grande disette de blé se faisait sentir ; que le pain du soldat ne contenait que trois quarts de farine, l'autre quart était fait d'on ne sait quoi. Sept cents Badois auraient franchi la frontière pour se soustraire à la famine. On voulait aussi savoir que le prince Frédéric-Charles était malade et Moltke souffrant et que c'était de Mayence que ce dernier dirigeait les opérations des troupes allemandes (4). A la fin d'août le *National* communiqua à ses lecteurs la

(1) LECLERCQ, *Ouvrage cité,* p. 39. — (2) LECLERCQ, p. 43. — (3) *Ibidem*, p. 41. — (4) *Ibidem*, p. 86 et suiv.

nouvelle suivante : « Le roi Guillaume est
« fou ! Les vives émotions qu'il a éprouvées
« à la suite des combats des 14, 16 et 18, dans
« lesquels a été fauchée la fine fleur de
« l'aristocratie prussienne, avaient déjà
« ébranlé sa raison, qui n'aurait pu tenir
« devant les détails de l'horrible scène dont
« ont été témoins les carrières de Jaumont.
« L'état du roi a été dissimulé le plus long-
« temps possible et M. de Bismarck s'est
« rendu en toute hâte auprès de la reine
« Augusta pour tâcher de parer au coup
« fatal porté à la dynastie des Hohenzollern.
« Il serait revenu précipitamment au quar-
« tier-général pour empêcher le départ du
« roi, qui voulait rentrer en Prusse. L'état
« d'hostilité dans lequel se trouvent le
« prince royal et le prince Frédéric-Charles
« pourrait amener les plus graves consé-
« quences, si l'apparence de l'autorité du
« roi n'était là pour les contenir. » Le 3 septembre, le *Figaro* reprit le même sujet.
« Une lettre de Rastadt nous donne de
« nouveaux détails sur le fait, déjà an-
« noncé, de la folie du roi de Prusse. Ce ne
« serait, à tout prendre, qu'une infirmité de
« famille, dont le désastre de Jaumont aurait

« provoqué la manifestation. On nous assure
« que le roi Guillaume a passé par Heidel-
« berg, le 29 août, conduit à Berlin par deux
« officiers supérieurs. Sa folie, qui a un
« caractère furieux, s'était démontrée d'abord
« par des caprices bizarres, tels que la révo-
« cation, puis la réintégration du vieux
« général Steinmetz. On dit que le prince
« royal, prévenu par M. de Bismarck,
« n'attend que l'arrivée du général von
« Kanstein pour aller à Berlin donner ses
« soins au royal aliéné. La reine, informée
« également par M. de Bismarck, a envoyé
« à l'armée le général von Lœwenfeld, qui
« n'a pu que constater la réalité de l'infor-
« mation. M. de Bismarck, lui-même, aurait
« traversé Mayence le 27, se rendant en toute
« diligence à Berlin, pour parer aux événe-
« ments que cette grave nouvelle ne peut
« manquer de faire surgir » (1). Le 2 octobre, le *Moniteur* annonçait que, le 25 septembre, deux régiments badois s'étaient
révoltés à Versailles, parce qu'ils ne voulaient
pas marcher au combat et qu'on avait dû
fusiller 24 soldats (2). Le 4 octobre la *Corres-*

(1) LECLERCQ, *Ouvrage cité*, p. 169 et suiv. —
(2) HIRTH, II, 2557.

pondance Havas se faisait écrire de Neufchâteau : « Le bruit court que le corps qui
« a traversé l'autre jour Châlons et Tours,
« dans un cercueil de plomb enveloppé de
« brocart d'or, était celui du général de
« Moltke. On se rappelle que, d'après une
« dépêche récente, ce cercueil était accom-
« pagné de 3,000 Mecklembourgeois. Il
« n'est pas inutile de rappeler que le géné-
« ral de Moltke est né dans une petite ville
« du grand-duché de Mecklembourg » (1).
L'*Ami de l'Ordre*, de Noyon, savait même
de source certaine, que Moltke avait succombé près de Reims (2). Le 11 octobre,
les journaux français annoncent non seulement que Moltke est mort, mais que le
prince royal de Prusse est mourant et que
les troupes wurtembergeoises et bavaroises
sont en révolte ouverte (3). Longtemps les
espérances des Français reposèrent sur
Bazaine. « C'était par Metz qu'il fallait dé-
« busquer les Prussiens de Paris, parce que
« le meilleur moyen de faire retourner un
« chien est de lui marcher sur la queue. »

(1) Hirth, II, 2557.— (2) Pfaff, p. 222.— (3) Hirth, II, 2716.

« On aimait à se figurer Bazaine, rompant
« le cercle de fer dont il était enserré, et
« tombant sur les lignes du siège avec une
« armée qu'on estimait au moins à 80,000
« nommes, les meilleures troupes de France!
« Et quand bien même, disaient les plus
« modérés, il ne pousserait pas jusqu'à Paris,
« dût-il rester dans les Vosges, il intercep-
« terait les convois de l'ennemi, le prendrait
« par la famine, le forcerait de revenir en
« arrière ; et alors nous, Parisiens, nous
« nous lancerions à sa poursuite » (1). Les
espérances qu'on fondait à Paris sur les
troupes rassemblées par Gambetta, et l'ardent désir que ces troupes avaient de voir les Parisiens se frayer un passage au travers des lignes allemandes, n'ont guère besoin d'être mentionnés. Ajoutons que les journaux allemands qu'on trouva sur les morts et sur les blessés du Bourget contribuèrent à faire naître des illusions dans le cœur des Parisiens. « Toutes elles témoignaient
« d'une certaine inquiétude mêlée de colère ;
« en contant à leurs lecteurs ce soulèvement
« inattendu de toute la France, elles acca-

(1) SARCEY, p. 118.

« blaient Gambetta d'injures, qui nous le
« rendaient plus cher et nous faisaient un
« plaisir infini. Elles nous apportaient une
« proclamation du roi Guillaume qui, s'a-
« dressant à ses soldats, constatait les efforts
« extraordinaires de Paris et de la France,
« et semblait, par d'indirectes allusions, les
« encourager à soutenir bravement des
« revers que l'on considérait comme pos-
« sibles » (1). A en croire l'aéronaute Nadar,
l'armée prussienne était à moitié démora-
lisée, ce qui faisait espérer qu'elle laisserait
30,000 hommes sous les murs de Paris et
que la paix pourrait se négocier à Berlin (2).
Les illusions des Versaillais pendant le
siège de Paris nous sont retracées par
Céard (3). On croyait dans cette ville que
les Prussiens, une fois attaqués vivement et
à l'improviste, ne pourraient pas se défendre.
La nuit, après un combat, on croyait à la
sortie en masse qu'on espérait, la sortie victorieuse. « D'enthousiastes espérances s'échauf-
« faient en bonnet de nuit sur le pas des
« portes, chacun tendait l'oreille, interpré-

---

(1) SARCEY, p. 201. — (2) COZIC, *Illustration* du
1ᵉʳ octobre 1870. — (3) *La Saignée*, dans les *Soirées
de Médan*, p. 199 et suiv.

« tant tous les bruits dans un sens favorable.
« Le fracas des caissons, roulant là-bas dans
« les ténèbres, était pris pour celui des
« bagages du roi Guillaume qu'on emme-
« nait pour les sauver du désastre certain et
« les ravir à la capture. On regardait le châ-
« teau, aucune lumière n'y brillait, et dans
« l'accès d'optimisme qui secouait la popu-
« lation, chacun concluait nécessairement
« que l'état-major allemand, saisi de peur,
« s'était enfui. » « Mme de P... donnait comme
« certain que le château de Versailles était
« miné. Les Parisiens attendaient seulement
« le moment favorable : une étincelle élec-
« trique, et v'lan ! le roi Guillaume, avec
« son état-major, sautait en l'air, d'un seul
« coup. Elle était sûre, également, que des
« souterrains passant sous la Seine, passant
« aussi sous les collines, conduisaient d'Au-
« teuil à la place d'Armes. Il n'y avait pas à
« en douter, la sortie devait s'exécuter de ce
« côté-là. Les Français marcheraient à cou-
« vert, et l'on rirait bien, tout à l'heure,
« quand, tambours battants et clairons son-
« nants, ils déboucheraient au milieu de Ver-
« sailles délivré. » « Elle prétendait même
« entendre sous la terre des pas sourds,

« cadencés comme ceux des bataillons en
« marche. Et les plus sceptiques écoutaient
« ébranlés par l'autorité de sa confiance.
« Oui, il leur semblait qu'on percevait
« quelque chose d'inusité. Souvent ce n'é-
« tait que le tapage d'un cheval à l'attache
« dont les fers grattaient le pavé, dans une
« écurie voisine. Parfois c'était moins en-
« core : le murmure du vent dans les arbres
« des avenues s'enfonçant dans la nuit. Le
« plus ordinairement ils n'entendaient rien,
« sinon ces imaginaires sonorités que les
« vives espérances font bourdonner dans les
« oreilles attentives. » A Versailles courait
aussi le bruit « que les fortifications des
« Prussiens étaient souvent dérisoires, leurs
« retranchements si inexpugnables, simulés.
« A peine avaient-ils quelques batteries sé-
« rieuses vraiment garnies de pièces à
« longues portées et largement approvision-
« nées de munitions. Le reste se com-
« posait de tuyaux de poêle ou de tuyaux
« d'égout dont l'ouverture, braquée sur
« Paris, au loin, dans les verres des lunet-
« tes, donnait l'illusion de gueules de pièces
« de siège. On citait les endroits, en même
« temps aussi les gens qui s'étaient aperçus

« de ce stratagème. » « Le 22 janvier la *Correspondance Havas* rapportait ce qui suit : « Différentes lettres qui nous sont par-
« venues de Prague et de Bâle, font recon-
« naître l'esprit qui gagne toujours plus de
« terrain en Allemagne. A Berlin, le mécon-
« tentement se trahit chaque jour, par des
« menaces à l'adresse de la reine. On cite
« plusieurs cas qui entraînèrent l'exécution
« immédiate des coupables. A Berlin, à Aix-
« la Chapelle, les dernières levées de troupes
« ont provoqué des révoltes et, dans toutes
« les villes d'Allemagne, le désespoir gran-
« dit. Des journalistes avaient publié l'ef-
« frayante statistique des pertes, ils furent
« immédiatement jetés en prison ; on parlait
« de la découverte d'une société secrète, *les*
« *Vengeurs des Orphelins*, dont les membres
« ont juré de faire immédiatement subir la
« loi du talion au roi de Prusse, au comte
« de Bismarck et au comte de Moltke » (1). Déjà à la fin d'octobre des journaux de Paris se faisaient l'écho de bruits sembla-blables. Suivant un article de l'*Union*, trois mille femmes en longs habits de deuil au-

---

(1) Hirth, III, 5040.

raient défilé devant la reine en criant : « La
« paix, la paix ! » Car la guerre avait fait,
disait-on, à Berlin seulement, quatorze
mille veuves et vingt-neuf mille orphelins
et avait anéanti tout le commerce de la
Prusse (1). On comptait aussi sur l'intempé-
rie de la saison, qui empêcherait les ennemis
d'avancer. Le 30 août déjà, Véron écrivait
dans le *Charivari* : « Nous avons cette
« chance rare d'être secondés par une tem-
« pérature exceptionnellement mauvaise.
« Les nuits sont de véritables nuits d'octo-
« bre, glaciales, humides, mortelles pour des
« soldats qui, comme les soldats prussiens,
« couchent à la belle étoile, sans une tente
« pour les abriter. Plus nous allons avancer,
« plus nous aurons lieu de compter sur ce
« terrible allié. » Le 2 septembre le journal
en question savait de source allemande
que, probablement en suite du froid, la
plupart des Prussiens souffraient terriblement des pieds, ce qui les gênerait considé-
rablement le jour où il leur faudrait battre
en retraite. Le 3 septembre (2) arriva une
autre nouvelle, portant que les maux de

(1) PFAFF, p. 315. — (2) GUILLEMOT, dans le *Charivari*.

pieds, qui avaient éclaté huit jours auparavant dans l'armée du prince Frédéric-Charles, s'étaient aussi déclarés dans l'armée du prince royal. « Comment ! voilà ces
« Prussiens, tous cordonniers, comme on
« sait, pris par les bottes ! Nouvelle confir-
« mation du proverbe connu : Rien n'est
« plus mal chaussé qu'un cordonnier ! » Plus tard des pluies persistantes donnèrent au *Charivari* de nouvelles espérances et, le 11 septembre, Parfait s'exprimait ainsi dans ce journal : « La pluie serait-elle une alliée
« que la Providence nous envoie ? Je l'ac-
« cepte volontiers comme telle et lui adresse
« tout bas l'invocation suivante : O pluie,
« amie, amie pénétrante et froide, précède-
« nous à l'attaque de l'ennemi ; harcèle-le
« continuellement, surprends-le sur les rou-
« tes, dans les campagnes sans abri ; fais
« grossir les rivières sur sa route, fouette-
« lui le visage, transperce ses habits, pénè-
« tre-le jusqu'aux os, détrempe profon-
« dément le sol sur lequel sa tête va se
« reposer, mouille sa poudre en retardant
« sa marche, embourbe ses canons et ses
« caissons, épuise-le, et alors, ô pluie péné-
« trante et froide, tu auras autant mérité de la

« patrie que nos vaillants soldats. » L'éminent stratège du *Charivari* ne paraît pas s'être dit que les soldats français souffriraient autant de l'inclémence de la saison.

Les espérances les plus tenaces furent celles qui avaient trait à l'attitude des puissances neutres. Écoutons d'abord, comme échantillon, les idées de P. Véron, le politicien du *Charivari;* elles rendent en abrégé les pensées favorites de la nation française. Le 7 août il écrivait : « On annonce que
« l'Italie nous envoie cent mille hommes.
« Cette résolution justifierait le surnom de
« *Galantuomo* donné à Victor-Emmanuel.
« Il est du reste impossible que l'Europe
« entière ne sente pas qu'il est temps de
« mettre des bornes à l'ambition prussienne,
« terriblement surexcitée par des victoires
« dont il serait mesquin de se dissimuler
« l'importance. Pour l'Autriche, c'est la
« *mort sans phrases* que notre défaite; car
« notre prestige seul empêcherait la Prusse
« de se jeter sur cette proie. Pour l'Angle-
« terre, c'est la Hollande devenant prus-
« sienne et par conséquent une marine
« redoutable se créant pour accaparer la
« suprématie des mers. Pour la Russie,

« c'est le colosse moscovite rapetissé par le
« voisinage d'un autre colosse. » Le 20 août :
« Des renseignements qui nous arrivent de
« différents côtés il résulte la preuve que la
« diplomatie européenne n'est pas sans in-
« quiétude sur les prétentions hautaines affi-
« chées par la Prusse depuis que ses quelques
« succès l'ont grisée. On comprend à l'étran-
« ger que l'abaissement de la France, loin
« d'être un gage de sécurité pour la tranquil-
« lité du monde, serait une cause de troubles
« incessants. D'une part, en effet, si la
« Prusse nous ravissait des provinces, son
« orgueil, ne connaissant plus de bornes,
« menacerait perpétuellement toutes les
« autres puissances. D'autre part, la France,
« fût-elle un moment écrasée, ne penserait
« qu'à une revanche, et nul ne pourrait l'em-
« pêcher de la prendre tôt ou tard. Dans ces
« conjonctures les différents cabinets com-
« mencent à s'apercevoir que le véritable
« ennemi de la paix européenne a toujours
« été à Berlin. » Au commencement du mois
de septembre le *Gaulois* croyait pouvoir
répondre de l'exactitude de la communica-
tion suivante : « Tous les peuples n'ont à
« l'heure présente qu'une préoccupation :

« celle de marcher avec la France et de hâter
« le moment où pourra être signée une paix
« honorable » (1). Le 7 septembre le *Figaro*
parlait d'une alliance avec l'Amérique ; plus
de deux millions d'Américains se feraient
inscrire pour concourir à la défense du territoire et de la capitale de la France (2). Puis
on comptait beaucoup sur l'activité de Thiers
qui visitait les différentes cours de l'Europe
pour les engager à intervenir en faveur de
la France. « Nous aimions si fort à nous
« flatter d'espérances chimériques, qu'à cette
« époque nous croyions encore possible de
« nouer une coalition contre la Prusse vic-
« torieuse. C'est surtout — voyez notre
« naïveté incurable ! — sur la Russie que
« nous comptions. Nous nous disions
« qu'elle comprendrait assez ses intérêts
« pour redouter qu'un jour la Prusse toute-
« puissante, enivrée de ses triomphes,
« ne vînt lui redemander ses provinces alle-
« mandes, et, sur un refus, les lui arracher
« de force. Qui sait ? nous disions-nous,
« peut-être l'alliance est-elle conclue à cette

---

(1) *Courrier de Lyon*, 15 septembre 1870. —
(2) LECLERCQ, p. 184.

« heure, et nous calculions combien de
« temps il fallait à une armée russe pour
« tomber sur Berlin et forcer nos ennemis à
« se retourner contre ce nouvel assaillant.
« Quel chagrin, quelle irritante inquiétude
« de ne pouvoir rien apprendre de précis
« sur des points qui nous touchaient de si
« près et d'une façon si sensible ! » (1).

Ce fut surtout la dictature de Gambetta qui contribua à répandre de fausses nouvelles de victoires et à faire naître les illusions dont se repaissait la France. Des patriotes clairvoyants s'en étaient déjà aperçus pendant la guerre et, çà et là, se faisaient entendre dans le public des protestations contre la manière d'agir de Gambetta. La protestation la plus vive fut sans doute celle de Lanfrey, l'historien bien connu de Napoléon. Dans un article d'un journal de Chambéry, la *Gazette du Peuple*, il réclamait la déposition immédiate de l'incapable dictateur, que ses flatteurs rendaient ridicule en lui donnant le titre d'*Organisateur de la Victoire*. « Devons-
« nous peut-être attendre, disait Lanfrey,

(1) SARCEY, p. 97.

« que tout soit perdu, avant de reconnaître
« que nous avons commis la plus grande
« faute en confiant à cet avocat la direction
« de la guerre. L'expérience n'était-elle pas
« déjà assez complète ? Nous avions trois
« mois devant nous pour organiser une ar-
« mée solide ; les éléments ne manquaient
« pas, ils ne demandaient qu'à être exercés.
« Mais on préféra rassembler de grandes
« masses d'hommes, qui ne pouvaient être
« ni armés, ni équipés, ni nourris. On bou-
« leversa tout, sans abandonner pour cela
« l'ancienne routine dans l'administration
« et dans l'organisation de la guerre. On
« détruisit la confiance des soldats en desti-
« tuant injustement leurs chefs. Des journa-
« listes de troisième ordre furent nommés
« généraux ; le trésor fut livré à des aventu-
« riers de la finance ; on confia les emplois
« les plus importants à des bohèmes politi-
« ques qui, du matin au soir, concluaient
« des pactes avec la mort, mais qui, en réa-
« lité, en concluaient avec leurs revenus.
« Tout le monde conviendra de la justesse
« de ce tableau. Mais nous avons oublié ce
« qu'il y a de pire. Jamais on n'a dit au pays

« la vérité sur sa propre situation. Les nou-
« velles les plus importantes nous ont tou-
« jours été communiquées par les journaux
« étrangers. C'est seulement par eux qu'on
« apprit la capitulation de Toul, celles de
« Verdun, de Schlettstatt, de Neubrisach,
« d'Amiens, de Thionville, de Rouen, etc.
« L'Europe savait depuis trois jours déjà la
« triste capitulation de Metz, tandis qu'on
« nous parlait encore d'heureuses sorties de
« Bazaine. On nous contait des sorties de
« Paris, qui, en réalité, n'ont jamais eu lieu
« que sur le papier; on faisait apparaître des
« troupes à des endroits où il n'y en a jamais
« eu. Et quand il ne fut plus possible de
« taire la vérité, on la défigura singulière-
« ment. La retraite de l'armée de la Loire
« devint un mouvement stratégique ingé-
« nieusement combiné pour attirer l'enne-
« mi; l'évacuation de Tours fut annoncée
« comme une mesure décidée déjà depuis
« deux mois... Il est grand temps de mettre
« fin à ces déclamations, à ce régime de l'ar-
« bitraire, de l'ignorance, de l'hypocrisie,
« de l'incapacité; il est temps que la nation
« soit représentée par des hommes qu'elle

« trouve dignes d'elle » (1). Nous voyons reparaître ici l'indignation qui, quelques mois auparavant, le 4 septembre, avait renversé la dynastie de Napoléon III, parce que l'empereur n'avait pas su mener son armée à la victoire qu'on espérait. Seulement la disposition des esprits contre Gambetta était assez rarement l'objet des réflexions de la presse pendant la guerre. Après la conclusion de la paix, les critiques les plus acerbes ne firent pas défaut à l'ancien dictateur, de la part de ceux qui avaient servi sous son gouvernement et de la part des généraux de Napoléon. Le deuxième chapitre du roman de Mirbeau, *Le Calvaire*, témoigne de la manière la plus frappante du peu de confiance qu'avaient les troupes dans le gouvernement et dans leurs chefs, pendant la dictature de Gambetta (2).

(1) PFAFF. *Ouvrage cité*, p. 447. — (2) Vingtième éd., Paris, 1889. Comp. mon *Histoire littéraire*, p. 129 et suiv.

IX. — DISPOSITION DES ESPRITS

EN FRANCE VERS LA FIN DE LA GUERRE.

MENACES DE REVANCHE

Quand toutes les tentatives faites pour chasser l'ennemi eurent échoué, que toutes les espérances qu'on avait fondées sur des alliances se furent évanouies et que la capitulation de Paris eut démontré aux plus opiniâtres l'inutilité de la résistance, les sentiments de la population française se firent jour de trois manières différentes. Les moins zélés parmi les patriotes ne cachaient pas la joie que leur causait la fin de la guerre, et plus d'un jeune combattant ne faisait aucun mystère du contentement qu'il éprouvait d'en être quitte pour la peur. Parmi les soldats de la garde mobile, on oubliait les malheurs de la patrie pour ne songer qu'à une chose, c'est qu'on serait délivré d'une terrible chaîne. On voyait bien que bon nombre de ces jeunes gens avaient le cœur plus léger. Que leur importait le salut public en regard de leur pauvre petite personne ! (1). D'autres, sincèrement affligés de l'issue de la guerre et de la dureté des conditions de la paix, se résignaient virilement à leur sort. La plus grande partie des Français cherchaient et trouvaient leur consolation dans l'idée d'une revanche prochaine, qui réparerait tout ce que la patrie et l'amour-propre national avaient souffert dans la guerre qui venait de finir. On possède un certain nombre de récits de revanche, qui sont caractéristiques pour la manière dont on se représentait en France la prochaine guerre et ses conséquences. Nous reproduisons ici le contenu d'une de ces histoires, qui fut écrite immédiatement après la guerre ; elle permet de se faire une juste idée des sentiments qui dominaient alors toutes les classes de la population française. Elle a pour auteur Édouard Dangin, et porte pour titre : *La Bataille de Berlin en 1875. Souvenirs d'un vieux soldat de la landwehr* (2). Un vieux soldat de la landwehr y raconte comme suit l'écroulement

(1) ARTHUR DE GRANDEFFE. *Mobiles et Volontaires de la Seine.* Paris, 1872, p. 181. — (2) Paris, 1871, Lachaud, 48 pages.

tant désiré du nouvel empire germanique.
« La politique de notre très excellent et très
« vaillant roi Guillaume consistait en ceci :
« faire de la patrie allemande une unité
« territoriale considérable, forcément pré-
« pondérante en Europe; faire de Berlin le
« centre universel des lettres, des sciences,
« des arts et de la diplomatie... enfin rem-
« placer la France par la Prusse et Paris par
« Berlin ! La tâche était accomplie. La
« France n'existait plus. L'Angleterre était
« tombée sous les coups de nos vaillants sol-
« dats. Cette nation avait perdu sa supré-
« matie commerciale qui était passée à la
« Prusse. » « L'est de l'Europe n'existait plus
« comme force politique. Nous nous étions
« annexé le Danemark : rien ne se faisait
« plus en Europe sans notre permission et
« nous n'avions besoin de la permission de
« personne pour y faire ce qui nous plaisait.
« La France ne bougeait pas; l'Espagne et
« le Portugal n'existaient pas plus que par
« le passé. » « L'Italie, notre fidèle alliée,
« croissait en force militaire et en force
« financière. L'Autriche nous faisait mille
« politesses et la Russie était avec nous
« dans des termes convenables. Depuis

« quelque temps, la *Gazette de la Croix*
« signalait l'énorme avantage qu'il y aurait
« pour de petites puissances telles que la
« Belgique et la Hollande à se réunir à nous
« et à se retremper dans l'unité allemande.
« On parlait aussi de la Suède et on disait
« qu'elle ne pourrait que gagner à nous
« appartenir, car le Danemark n'a jamais
« été si florissant que depuis qu'il est alle-
« mand. L'Autriche désirait s'étendre, mais
« nous contenions ou plutôt nous faisions
« patienter ses ambitions, afin d'être assurés
« qu'elle nous gardât son alliance. » Un
matin, en ouvrant la *Gazette* je remarquai
qu'elle était encadrée de noir, et je lus la
nouvelle de la mort de Bismarck. Le journal racontait « que Son Excellence avait
« annoncé l'intention de travailler une par-
« tie de la nuit. Vers deux heures du matin,
« le valet de chambre, ayant entendu un
« grand bruit dans le cabinet du prince,
« était entré et avait trouvé son maître
« étendu sur le sol. Un médecin, appelé en
« toute hâte, accourut ; mais il était trop
« tard : le cœur avait cessé de battre. Quel-
« ques jours après, les funérailles du grand
« homme eurent lieu au milieu du recueil-

« lement et de la douleur de tous. La cathé-
« drale de Berlin était entièrement tapissée
« de draperies noires. Le roi assistait à la
« cérémonie, entouré de tous les grands
« dignitaires et de son fidèle Manteuffel. Des
« détachements de tous les corps de notre
« admirable armée composaient le cortège.
« Au cimetière, quand on descendit le
« corps dans le mausolée de la famille, des
« salves d'artillerie éclatèrent. » « Un mois
« se passa. Le roi avait pris lui-même en
« main la suprême direction des affaires
« et son seul confident intime était le géné-
« ral Manteuffel, peu aimé de l'entourage
« royal. La nation n'était point malheu-
« reuse : Nous avions été tous soldats et,
« tous, nous avions fait de grandes écono-
« mies pendant nos campagnes. La France
« et l'Angleterre étaient de riches pays d'où
« le soldat avait rapporté des souvenirs de
« guerre qui pouvaient le faire vivre pendant
« longtemps. Mais l'armée était depuis
« quatre ans demeurée sur le pied de guerre.
« Un bon tiers des hommes valides avait
« péri sur les champs de bataille ou était
« éclopé de façon à ne pouvoir plus servir
« et à ne pouvoir se subvenir sans être

« pensionné par l'État. Tous ces pauvres
« diables avaient été répartis dans les di-
« verses administrations du pays. Dans les
« ministères, il n'y avait pas un seul garçon
« de bureau qui n'eût un bras ou une jambe
« de moins. » Il y en avait même « qui
« étaient privés des deux jambes ; on en avait
« fait des expéditionnaires, parce qu'ils sa-
« vaient écrire. Comme il leur fallait demeu-
« rer assis toute la journée, l'État n'avait
« pas besoin qu'ils eussent des jambes. Tout
« ce qui restait d'hommes valides en Alle-
« magne était soldat, enrégimenté et caser-
« né. Il n'y avait guère que les plus âgés
« de la landwehr qui eussent été renvoyés
« dans leurs foyers. » Ils durent en quelque
sorte rapprendre leur métier, car ils avaient
perdu l'habitude du travail. « L'industrie
« nationale ne marchait qu'imparfaitement,
« faute de bras vigoureux. » L'Allemagne
était obligée d'importer beaucoup de marchandises. L'argent rapporté de France et
d'Angleterre par les soldats, s'en retournait
dans ces pays. Un esprit guerrier dominait
toute l'Allemagne. « Le soir, dans les bras-
« series, on ne parlait que de choses de
« guerre et on y lisait des articles de jour-

« naux qui demandaient l'annexion de la
« Suède, de la Hollande, de la Belgique. »
« Il fallait s'attendre à une explosion. Elle
« eut lieu. » Une insulte réelle ou supposée,
faite à l'ambassadeur prussien en Suède,
donna lieu à une déclaration de guerre immédiate. Bientôt après, la *Gazette de la Croix* annonça que la Russie et la France avaient l'intention d'intervenir dans la guerre. « Quelques soldats, natifs de Franc-
« fort-sur-le-Mein, s'étaient révoltés et
« avaient parcouru les rues de Berlin en
« criant : Vive Francfort, ville libre ! — A
« quelques jours de là, la Russie et la France
« adressèrent chacune un ultimatum. Il n'y
« fut pas fait réponse, et les deux déclarations
« de guerre de la France et de la Russie
« arrivèrent à Berlin. » Là-dessus grande émotion dans tout l'empire. « Les jeunes
« officiers, qui n'avaient pas fait la cam-
« pagne de France, disaient : Nous allons
« à Paris ! — et la joie enflammait leur
« regard. Les officiers qui avaient vu Paris
« répondaient : Nous irons à Saint-Péters-
« bourg ! En quinze jours, notre armée de-
« vait être sur pied. » Tout était parfaitement préparé. « On avait la plus grande confiance

« en la sagesse de notre digne roi, en l'expé-
« rience de nos généraux et en la bravoure
« et en la solidité de nos troupes. » Les
sentiments de la population de Berlin « ne
« se traduisaient pas par des criailleries,
« comme chez les grands gamins de Fran-
« çais », mais beaucoup de femmes se rendaient dans les églises pour y prier et les
musées renfermant les trophées rapportés
de nos campagnes, étaient assidûment visi-
tés. On voulait se réconforter par le souvenir des anciennes victoires. Enfin, « le
« moment vint où toutes les troupes étaient
« parties pour la frontière. Berlin devint
« désert. Le mouvement des affaires s'ar-
« rêta : il ne restait plus dans les familles
« que les femmes, les enfants et les vieil-
« lards. » « Les premières nouvelles arrivè-
« rent ; elles furent mauvaises. L'Alsace et
« la Lorraine s'étaient soulevées à l'approche
« de l'armée française. Metz et Strasbourg
« avaient été livrés aux ennemis par la tra-
« hison des habitants. Leur défection ouvrit
« aux Français le chemin de l'Allemagne. »
« L'Italie, notre fidèle alliée, n'était pas
« prête. Les Français avaient déjà passé le
« Rhin en trois endroits. Ils possédaient

« une cavalerie si légère et si bien montée
« qu'elle forçait à la retraite nos fameux
« uhlans et se faisait servir le célèbre vin du
« Rhin par les jolies servantes de nos au-
« berges. » La *Gazette de la Croix* cherchait
à nous consoler en nous montrant les renforts qui se mettaient en marche et en nous annonçant l'arrivée prochaine des Italiens, qui suffiraient seuls pour châtier l'orgueil des Français. Elle regrettait qu'on eût montré trop de confiance aux Alsaciens-Lorrains qui cherchaient des emplois en Allemagne. « Ces hommes ont
« tous disparu depuis que la guerre est dé-
« clarée. Tous sont retournés en Alsace et
« en Lorraine. Les provinces annexées, qui
« sont en pleine révolte, non contentes
« d'avoir massacré jusqu'au dernier les
« officiers et les soldats prussiens, forment
« une véritable armée qui marche avec les
« Français et qui peut, par la connaissance
« qu'elle a de la langue et des mœurs alle-
« mandes, leur rendre des services redou-
« tables. Les fonctionnaires et les négociants
« prussiens de ces pays ont été jetés en pri-
« son, aux acclamations de cette ingrate po-
« pulation, qui a l'audace de les qualifier du

« nom de bourreaux et de voleurs. » Le jour suivant arrivèrent d'autres nouvelles : « L'Autriche a dû diriger toutes ses forces « disponibles sur la Hongrie, où une in- « surrection paraît imminente. Nous savions « de bonne source que ces bruits d'insur- « rection n'étaient pas fondés : donc l'Au- « triche nous abandonnait ! »

Un jour se passa et on put lire sur les murs de Berlin la proclamation suivante :

« Allemands !

« Le début de la campagne n'est pas favo- « rable à nos armes. L'empereur qui m'a « laissé la régence de l'empire, est à la fron- « tière russe. Le prince Fritz marche contre « les Français.

« Notre flotte garde les côtes.

« Allemands, soyez fermes, courageux, « patients et dévoués, et Dieu protégera la « patrie allemande.

« AUGUSTA. »

Tous les cœurs étaient émus. Les derniers contingents furent mis sur le pied de

guerre, mais les nouvelles devinrent de plus en plus alarmantes. « Il apparaissait claire-
« ment qu'un accord parfait régnait entre
« les provinces de l'empire et nos ennemis.
« Dans les quelques endroits où l'on résis-
« tait, on n'opposait qu'une résistance fic-
« tive et l'armée française avançait rapide-
« ment, chassant devant elle les faibles con-
« tingents qui nous étaient demeurés fidèles.
« Nos places fortes se rendaient à discrétion,
« ou étaient livrées par le populaire. Il
« devint évident dès lors que la Prusse,
« victime d'une conspiration générale, ne
« devait plus compter que sur ses seules
« forces pour repousser la plus formidable
« invasion qui se fût jamais vue. L'Alle-
« magne était envahie de quatre côtés. »
Les Français s'avançaient par la Bavière, qu'ils avaient détachée de notre alliance ; une armée de débarquement procédait de même avec le Hanovre. Les deux armées firent leur jonction dans la Saxe, qui ne tarda pas à faire aussi défection. Le prince royal fut pris entre les deux armées et complètement battu. Un million de Russes entrèrent dans la Prusse orientale ; une partie de ces troupes, qui arrivaient par la

Pologne, s'avançaient à marches forcées, en s'appuyant sur Dresde, Glogau et Posen. Il était impossible de rompre leur ligne. Un second corps opérait un mouvement de concentration dans le Nord, tandis que la flotte russe bloquait nos côtes. Les Français s'approchaient toujours davantage. Derrière leur corps de débarquement, le Danemark, qui, lui aussi, se soulevait, venait de s'organiser une armée, qui avait envahi les duchés de l'Elbe où les Danois étaient reçus à bras ouverts Tout se réunissait pour nous écraser. Les Russes, les Français, les Suédois, les Danois et les Anglais, faisaient en commun la chasse à nos vaisseaux. Le cercle qui nous enserrait, devenait toujours plus étroit. Les alliés répandaient dans tout l'empire une proclamation conçue en ces termes :

« Allemands !

« Nous ne venons pas vous conquérir.
« Ce n'est pas à vous que nous faisons la
« guerre, mais au souverain qui, depuis
« quatre années, tient la guerre allumée en
« Europe et trouble la tranquillité des

« nations. Nous ne voulons que briser le
« joug de fer sous lequel il vous opprime
« et vous rendre à vous-mêmes. »

Ce factum était signé par le roi de France
et l'empereur de Russie. Nos alliées, l'Autriche et l'Italie, assistaient, les bras croisés, à notre égorgement. « L'Autriche, elle,
« pouvait nous garder rancune du passé,
« mais l'Italie, la perfide Italie, à laquelle
« nous n'avions fait que du bien, pourquoi
« se montrait-elle à ce point ingrate ? » Elle
faisait pour nous ce qu'elle avait fait pour
la France en 1870. « Évidemment nous
« étions perdus. Tout cet immense empire,
« si laborieusement construit et dont les
« divers éléments semblaient si solidement
« scellés, se disjoignait, s'ébranlait et s'é-
« croûlait de toutes parts. » « Pour obtenir
« ce sinistre résultat, l'envie de nos enne-
« mis n'avait eu qu'à soudoyer les ambitions
« personnelles de quelques roitelets ou
« principicules et à flatter l'égoïsme des
« populations. Tous les anciens petits gou-
« vernements de l'Allemagne s'étaient laissé
« tourner la tête par cet appât, que la diplo-
« matie leur avait tendu : l'autonomie. —
« Les armées ennemies étaient à trente

« lieues de Berlin. Nous avions perdu dix-
« neuf batailles ; la plupart de nos généraux
« étaient morts ; tous avaient été vaincus. »
Le roi fit une dernière tentative. Il voulut,
par une marche rapide, surprendre l'armée
française, comme il l'avait fait si souvent
dans la campagne de France, puis retourner
en toute hâte à Berlin, pour couvrir la capitale et opposer aux Russes des soldats, dont
le courage aurait été relevé par la victoire.
« Mais il ne surprit pas les Français. Admi-
« rablement renseigné par ses éclaireurs,
« l'ennemi se tenait sur ses gardes. » Il se
précipita sur nos troupes, et, à quinze lieues
de Berlin, fut livrée la bataille décisive connue dans l'histoire sous le nom de *Bataille
de Berlin*. « Nous fûmes écrasés par le nom-
« bre. L'empereur fit tout pour trouver la
« mort dans le combat : la mort ne voulut
« pas de lui. Les Prussiens luttèrent durant
« tout le jour ; mais, hélas ! vers quatre heu-
« res du soir, il fallut bien se résigner à la
« retraite » pour ne pas être complètement
enveloppé. « Le roi rentra à Berlin, pâle et
« les yeux pleins de larmes. La reine s'éva-
« nouit à la nouvelle du dernier désastre, qui
« achevait de perdre la patrie. Un silence de

« mort régnait dans la ville. On s'attendait
« à voir arriver les Français d'un moment à
« l'autre; les avant-gardes russes étaient à
« six lieues. Le roi envoya alors des messa-
« ges au roi de France et à l'empereur de
« Russie, pour demander la paix. » « Dès
« que l'empereur de Russie eut reçu le
« message de notre empereur, ses armées
« suspendirent immédiatement leur marche.
« Mais le roi de France répondit qu'il ne
« voulait traiter de la paix qu'à Berlin même.
« Le lendemain, l'armée française entrait
« dans la capitale prussienne. » « Les débris
« de l'armée allemande étaient sortis de
« Berlin pendant la nuit et étaient allés cam-
« per dans les environs. » « Les vainqueurs
« se promenèrent dans la ville, ils n'insul-
« tèrent personne. Ils avaient même eu la
« délicatesse de ne pas faire leur entrée aux
« sons de la fanfare; ils entrèrent au pas,
« satisfaits, mais sérieux. Ils comprenaient,
« parce qu'ils l'avaient ressentie eux-mêmes,
« la douleur que l'on éprouve, quand on
« voit mourir sa patrie ! »

La paix fut signée. Les ambassadeurs
des puissances alliées se réunirent dans la
ville libre de Francfort. Comme parties

contractantes on vit paraître tous les anciens petits rois et princes allemands, tout joyeux d'avoir retrouvé leur sceptre. Les journaux aussi paraissaient heureux de voir la tournure qu'avaient prise les choses. « Les popu-
« lations, disaient-ils, sont enfin délivrées
« de l'odieux militarisme prussien. Les
« royaumes allemands ont retrouvé leur
« autonomie. Il n'y aura plus de guerre
« en Allemagne. L'Allemagne va s'occuper
« exclusivement de développer son inépui-
« sable génie industriel. » La conclusion définitive de la paix eut lieu le 2 septembre. Les souverains de l'Europe convinrent de rétablir l'état de 1815 et l'équilibre européen. L'Italie seule se trouvait plus forte qu'autrefois; on l'affaiblit en rendant au pape les États romains. « La Prusse fut
« contrainte de payer une forte indemnité à
« la Russie. La France demanda les frais de
« guerre, la restitution totale de l'indemnité
« qui lui avait été imposée en 1871 et la
« restitution de tout le matériel de guerre
« que l'Allemagne lui avait pris à la même
« époque. » Pendant des mois on vit des trains remplis d'armes et d'argent prendre le chemin de la France et de la Russie.

« A mesure que l'armée française s'était
« avancée en Allemagne, elle avait désarmé
« nos forteresses, dont le matériel avait été
« dirigé sur la frontière de France que gar-
« dait cette sorte de landwehr que nos enne-
« mis avaient organisée chez eux à l'imita-
« tion de la nôtre. L'armée prussienne a été
« considérée comme prisonnière de guerre.
« La moitié de ses armes a été remise à la
« France, et l'autre moitié à la Russie.
« Toutes les forteresses de la frontière alle-
« mande ont été démantelées. Les Français
« ont repris dans nos musées et dans nos
« arsenaux tous les trophées qui attestaient
« nos victoires et leurs défaites. La rentrée
« de l'armée française s'est faite solennelle-
« ment à Paris au milieu du délire général. »
« Les vainqueurs ramenaient avec eux les
« cendres de Charlemagne, qu'ils déposèrent
« dans les caveaux de la cathédrale de Saint-
« Denis. Aujourd'hui la tranquillité règne
« en Europe. Mais, pauvre Prusse, qui te
« rendra ta gloire ? » (1).

---

(1) Des guerres de revanche, comme celle qu'on vient de lire, dues à l'imagination féconde de quelques auteurs, se retrouvent ailleurs, dans des ouvrages qui ont paru plus tard. J'ai reproduit le

Pendant quelque temps les Français furent détournés de ces rêves de vengeance par les horreurs de la Commune. D'un côté on voyait des politiciens fanatiques, des aventuriers, et les masses ouvrières qu'ils avaient soulevées, la populace de la grande ville et de pauvres diables que la misère avait forcés de se joindre aux insurgés ; d'autre part se trouvaient des forces disponibles de la société bourgeoise, furieuses de voir l'inattendu et sanglant épisode de la grande guerre. La présence des Allemands semblait être un mal supportable encore, car les étrangers étaient en quelque sorte en rapport d'amitié avec les troupes versaillaises, que les insurgés haïssaient plus que leurs adversaires nationaux ; mais c'était pour les Français une cruelle humiliation infligée à leur amour-propre que d'avoir de tels

---

contenu de quelques-unes des plus intéressantes de ces fantaisies dans mon *Histoire de la littérature de la guerre de 1870-1871*, p. 80-91. Il faut encore mentionner les descriptions romanesques de la prochaine guerre, faites par des officiers français et destinées surtout aux militaires, par exemple, Général X..., *La Revanche*, Paris, 1885, et DANRIT, *La Guerre de demain*, réimprimée par le *Peuple français*, dans l'été de 1894.

témoins de leur lutte fratricide et d'être obligés de se dire qu'à tout prendre, ces étrangers si décriés avaient été plus modérés que leurs propres compatriotes.

A peine l'insurrection de la Commune eut-elle été étouffée, qu'on n'eut plus qu'un désir, celui de voir les Allemands évacuer le territoire ; on voulait être débarrassé aussi rapidement que faire se pouvait de ces témoins gênants des défaites subies. Pour des motifs de patriotisme, on avait déjà réduit à des proportions modestes l'entrée victorieuse dans Paris. Pour mettre une rapide fin au séjour des Allemands dans l'intérieur de Paris, les conditions du traité de paix furent acceptées à Bordeaux le jour même de l'entrée des troupes. Comme les Français avaient aussi obtenu que quelques quartiers de Paris seulement seraient occupés par les Allemands, les chauvins français eurent la satisfaction de pouvoir dire que l'entrée triomphale des troupes allemandes avait eu quelque chose de craintif et de mesquin (1). Les sommes nécessaires

---

(1) Voyez SCHLÜTER, p. 59. Les vers moqueurs de Poisle Desgranges, intitulés : *Le Premier Mars,* sont

à la libération du territoire furent ensuite rassemblées avec la plus grande diligence, et E. Manuel se fit le véritable écho de la pensée nationale lorsque, au grand théâtre de Marseille, le 27 juin 1872, il prêcha dans son poème, *Délivrance*, la « *croisade d'or* » dirigée contre l'Allemagne, cette croisade qui devait amener le beau jour où l'on pourrait dire aux étrangers détestés : « Tenez ! Prenez ! Allez-vous-en ! » Manuel terminait par ces paroles :

Des cris de joie retentissent de la montagne
[à la plaine,
On pleure de joie, on se serre la main.

caractéristiques pour faire ressortir cette satisfaction puérile des chauvins. Cette pièce commence par la description de l'arrivée des timides hussards verts qui, précédant la « horde » allemande, et plus blancs encore que les maisons, fouillaient les taillis et sondaient les buissons avant d'oser s'arrêter sur la place de la Concorde. Les vers se terminent par l'apostrophe suivante, adressée aux Allemands, qu'on croyait avoir si finement dupés lors de leur entrée dans Paris :

Partez le sac au dos et la giberne pleine,
Allumez votre pipe et marchez vers la plaine.
Vous avez des lauriers pour orner vos jambons ;
Au revoir ! chers Prussiens ! Plus tard nous nous
[verrons.

Quand nos champs seront purs de la honte présente;
Quand, libre, l'habitant fermera sa maison.
Tandis qu'au bruit mourant d'une marche pesante,
Un dernier casque aura dépassé l'horizon !

Enfin ! — Et c'est alors que tu pourras, ô France,
Les yeux sur l'avenir, marcher et te mouvoir.
Avec la liberté reprendre l'espérance,
Travailler à la tâche immense du devoir ;

Chasser, comme au sortir d'un effroyable rêve,
Les fantômes sanglants qui peuplaient ton sommeil,
Et, puisant dans ton sol une nouvelle sève,
Chêne en vain foudroyé, reverdir au soleil (1).

(1) SCHLÜTER, *Ouvrage cité*, p. 36 et suiv.

X. — APRÈS LA GUERRE

Les violentes émotions et les amères expériences de la guerre devaient naturellement exercer une influence profonde sur l'esprit du peuple français et changer du tout au tout sa manière d'être vis-à-vis de ses voisins. Après la guerre, après que des armées entières de soldats français eurent séjourné comme prisonnières sur le sol allemand et eurent eu, au moins en partie, l'occasion d'étudier le vainqueur dans son propre pays ; après que des milliers et des milliers de guerriers allemands, de toutes les races et de toutes les conditions, eurent parcouru une grande partie du territoire français et entretenu longtemps avec les habitants des rapports qui ne furent pas toujours hostiles, il était tout à fait impossible aux Français d'en rester aux idées fantastiques qu'ils s'étaient faites, avant la guerre, sur l'Allemagne et ses habitants. Mais, étant donnée la disposition d'esprit des vaincus, il était naturel que les bonnes qualités des vainqueurs ne les frappassent pas, ou que ces qualités ne fussent pas considérées comme caractéristiques pour les Allemands. C'est pourquoi, depuis 1871, on se fait dans le peuple français, au sujet de l'Allemagne, des idées tout aussi erronées qu'avant la guerre. Les nombreux voyageurs français qui, depuis cette époque, ont parcouru l'Allemagne dans des intentions malveillantes, ont réussi à offrir à la France un tableau qui n'est qu'une caricature de notre pays, et ils sont parvenus à induire en erreur, sur notre vrai caractère, même une grande partie des classes cultivées de leur pays. Le voile du romantisme qui, aux yeux des Français, recouvrait autrefois notre pays, est maintenant déchiré. Les forêts et les vieux manoirs n'ont, il est vrai, pas encore disparu du sol de l'Allemagne, mais c'est par un esprit de froid calcul qu'on entretient les ruines : c'est pour ne pas laisser s'éteindre le souvenir de la fureur de destruction des vainqueurs français, auteurs de ces dévastations. Les rêveurs allemands, avec leur blonde chevelure et leurs yeux bleus, sont devenus des matérialistes féroces et roués, qui songent avant tout à combattre et à évincer, à force de ruse et d'astuce, le commerce et l'industrie de la France. Il est vrai que les Allemands aiment toujours la bière et la fumée du tabac et ne préfèrent que trop passer leurs soirées à la brasserie, au lieu de rester dans leurs familles avec leurs nichées d'enfants ; mais leurs entretiens d'estaminets ont perdu toute simplicité et tout idéal et ne sont plus que des conversations ordurières, ou bien un échange d'idées sur les moyens les plus propres à duper ces braves Français. Quant à l'intérieur des familles, on y trouve maintenant des *Gretchen* ou des *Kaethchen* qui, même dans la bonne société, passent toute la matinée en négligé, occupées à des travaux de bonnes ou de cuisinières et qui, l'après-midi, se réunissent, sous prétexte de prendre en commun le café, en vérité pour se livrer à des cancans qui n'en finissent pas. Elles servent à leurs maris des combinaisons incroyables d'aliments, surtout des rôtis avec des mets sucrés ; pour leur toilette, elles choisissent les couleurs les plus criardes et les plus disparates ; la coupe des robes est généralement empruntée sans aucun goût à des modèles parisiens vieux de dix ans. Les femmes ont perdu leur taille svelte ; elles sont devenues épaisses et massives, et s'avancent lourdement et sans grâce sur leurs longs pieds. Quand, par hasard, leur visage a conservé une expression d'innocence et de chasteté, c'est pure affectation ; derrière ces yeux de colombe se cache un cœur perfide, plein de fausseté et de perversité. La vertu d'une Berlinoise ne tient pas devant un rôti d'oie ; aucune femme allemande ne résiste à un Français, le galant ne fût-il qu'un malotru et un rustre. On ne conteste pas plus qu'autrefois la science aux savants allemands, mais on trouve qu'il leur manque toujours le don de l'exposition et de la description ; la suffisance des docteurs prussiens est devenue générale parmi eux. Les architectes et les peintres allemands sont sans originalité ; ce sont des imitateurs maladroits de modèles étrangers, surtout français ; la musique allemande est en décadence ; tout au plus tolère-t-on la bruyante musique de Wagner. Les écrivains allemands modernes sont sans importance, aussi restent-ils avec raison inconnus au public français ; seuls les imitateurs de Zola et d'Ibsen méritent quelque attention. On constate avec joie que les

Allemands manquent toujours d'un élan national durable et d'un esprit public vigoureux; en revanche, nos progressistes, nos hommes du parti populaire, nos socialistes, nos intransigeants catholiques, nos guelfes, Polonais et même nos Wendes, apparaissent aux Français comme entourés d'une auréole de gloire. Les Prussiens sont restés ce qu'ils étaient, seulement ils ont prussifié une grande partie des Allemands et ont répandu dans tout le pays le militarisme prussien, l'esprit soldatesque nécessaire à leur brigandage en grand. Puis ce maussade Berlin, si pauvre en chefs-d'œuvre artistiques, « cette « capitale de l'intelligence et des bonnes « mœurs », s'est transformé en une Gomorrhe moderne, dont la profonde corruption surpasse toute idée et auprès de laquelle le frivole Paris est un modèle de toutes les vertus.

Le tableau de la guerre franco-allemande a aussi changé. Lorsque les premières douleurs de la défaite eurent perdu de leur amertume, la critique s'empara des événements et n'eut pas de repos qu'elle n'eût transformé en triomphe chaque défaite des

Français, et en honte chaque victoire des Allemands. Au commencement, la guerre si étourdiment entreprise avait été mise par les Français sur le compte de Napoléon et d'Eugénie, qui voulait avoir « sa guerre », et sur le compte de leur entourage ; mais peu à peu on prit l'habitude d'en rejeter la faute sur ce méchant intrigant de Bismarck, qui avait perfidement imaginé la candidature du prince de Hohenzollern et si bien arrangé les choses qu'une déclaration de guerre était devenue inévitable. Pour la France, qui n'était pas préparée et qui ne demandait que la paix, la guerre avait été une surprise organisée par des adversaires qui s'y préparaient depuis longtemps et par tous les moyens. Partout les guerriers français eurent à combattre des forces écrasantes, vis-à-vis desquelles la bravoure, même la plus héroïque, devenait inutile. La guerre fut faite par les Allemands d'une manière qui leur faisait peu d'honneur. « Le « célèbre élan de nos troupes, les attaques à « la baïonnette, les brillantes charges de cava-« lerie et nos inexpugnables carrés, furent « rendus illusoires par les canons à longue

« portée de nos ennemis et par leur manière
« de combattre... toujours couverte et par
« conséquent lâche » (1). Dans la première
moitié de la guerre, les troupes allemandes
eurent affaire à des armées françaises qui,
sans doute, étaient braves, mais mal com-
mandées ; dans la seconde moitié de la guerre,
les généraux français furent plus capables,
mais les soldats étaient mal instruits et mal
nourris. Les Allemands avaient à leur solde
une foule d'espions, qui épiaient tous les
mouvements de l'ennemi et qui, déjà avant
la guerre, avaient donné à l'Allemagne les
informations les plus exactes sur les moyens
de défense de la France ; tandis que la noble
et fière France renonçait à des moyens aussi
méprisables. Puis les Allemands profitèrent
de la trahison des généraux de Napoléon,
qui livrèrent le pays contre espèces son-
nantes. Presque tous ces généraux ont été
forcés de prendre la plume pour leur défense et de rejeter la faute sur d'autres, jusqu'à ce que Bazaine eût été choisi comme
bouc émissaire pour tous, et sacrifié. Partout les Allemands ont été favorisés par un

---

(1) Comp. ZOLLING, Ouvrage cité, I, p. 196.

bonheur inouï ; chacune de leurs fautes a même tourné à leur avantage dans l'année terrible. Car c'est pure invention que de dire que l'armée allemande ait été admirablement organisée et commandée. « Non, « l'état-major allemand n'a pas fait cette « campagne méthodique, géométrique, sur « laquelle on s'est tant extasié. Non, le feld- « maréchal de Moltke n'a pas été infaillible, « et encore moins ses sous-ordres » (1). Les batailles de Wissembourg, de Woerth, de Vionville, ont été engagées par les Allemands de la manière la plus imprudente et la plus étourdie (2). La marche de flanc devant Metz a été une action d'une témérité incroyable ; elle ne pouvait réussir que grâce à la stupidité de l'ennemi. Le succès de Sedan a été dû uniquement à l'étourderie des généraux français : l'idée de cerner l'armée française, qui s'était engagée dans une impasse, et de lui couper la retraite, serait venue au général le plus imbécile. Le blocus de Paris, par des troupes de moitié plus faibles que celles des assiégés,

---

(1) GIBRAC, *Lorraine*, Paris, 1885, p. 199. —
(2) *Ibidem*, p. 200 et suiv.

était une action insensée, qui ne dut sa réussite qu'à la folie de Trochu et de ses collègues (1). Moltke n'était ni un grand général comme Napoléon, ni un bon tacticien. La tactique, qu'il a employée avec tant de succès dans la guerre franco allemande, et qui consistait à envelopper l'ennemi, il l'avait apprise du colonel français Selves, dans la bataille de Nezib que lui, Moltke, a perdue (2). Les autres chefs allemands ont aussi commis faute sur faute. Après la capitulation de Metz, Frédéric-Charles dut diriger en hâte ses troupes sur Paris et de là sur Orléans, au lieu de les mener à Fontainebleau en traversant le bassin de la Seine. Le 7 janvier, il répéta la faute que Moltke avait commise avant la bataille de Sadowa, en faisant suivre à ses troupes deux lignes convergentes par Vendôme et Nogent, pour les conduire au Mans. Le 27 novembre, Manteuffel eut beaucoup de peine à battre son adversaire, quoique ses troupes fussent de beaucoup

---

(1) L. SEGUIN, *La prochaine guerre*, Paris, 1880, Boulanger, p. 147 et suiv. — (2) E. LOCKROY, *M. de Moltke. Ses mémoires. La guerre prochaine.* Paris, 1887. Dentu, p. 18 et suiv.

supérieures en nombre à celles de Farre, et il ne poursuivit pas son ennemi. A Pont-Noyelles, il ne parvint pas à ébranler l'armée du Nord, de Faidherbe, à laquelle il avait livré une bataille qui dura deux jours (1), etc. Oubliant qu'en rabaissant le vainqueur, on rabaisse aussi le vaincu, les Français se sont plu toujours davantage à porter sur la guerre des jugements comme ceux que nous venons de mentionner : il ne fut bientôt plus question d'aucune supériorité du côté des Allemands, à l'exception peut-être de leur artillerie. Cette manière de juger les événements passa bientôt aussi dans les récits populaires de la guerre, comme ce fut le cas pour le livre de Dick de Lonlay, *Français et Allemands* (2), ouvrage écrit avec beaucoup d'habileté et fort répandu. Celui qui a lu ce livre ne peut s'empêcher de croire que la bravoure, l'héroïsme, les sentiments nobles étaient seulement du côté des Français et que les Allemands ne devaient leurs succès qu'à leur supériorité numérique, à leur astuce, à leur chance et

(1) L. Seguin, *Ouvrage cité*, p. 147 et suiv. — (2) *Français et Allemands*. Histoire anecdotique de la guerre de 1870-71, Paris, 1887, Garnier.

à l'incapacité des généraux français. Dans ce livre, toute la campagne n'est plus représentée que comme une vaste expédition de rapine, organisée par les Allemands, et dans laquelle les héroïques soldats français, dont les nombreux exploits sont racontés avec une prolixité tout homérique, sont devenus les victimes de leurs lâches et barbares persécuteurs. L'auteur n'a pas d'expressions assez méprisantes pour les envahisseurs teutons et ne trouve pas de termes assez forts pour flétrir leurs forfaits. — Il est naturel que, plus l'importance des victoires des Allemands est amoindrie, plus celle des rares succès des Français est élevée aux nues. Les rencontres de Coulmiers, Nuits, Bapaume, Beaune-la-Rolande, sont mentionnées comme de glorieuses victoires, dans lesquelles des soldats tout jeunes et peu exercés sont parvenus à battre des troupes allemandes aguerries, ce qui prouve combien la valeur française l'emporte sur l'allemande. Les noms de ces combats brillent sur l'airain et le marbre des nombreux monuments consacrés au souvenir de la guerre. Dans les nouveaux récits de la guerre, les francs-tireurs ont aussi perdu leurs côtés fâcheux, et la gloire qui, en réalité, leur avait été refusée, leur est maintenant libéralement prodiguée. C'est ainsi que des récits inventés, mais qui flattent le sentiment populaire, ont acquis peu à peu pour la nation la valeur de l'histoire (1).

Nous voyons donc que, par une conséquence incroyable de l'orgueil national des Français, la malheureuse campagne de 1870-71, avec toutes ses défaites, n'a fait qu'accroître dans le peuple la haute idée qu'il a de lui-même et le mépris qu'il professe pour les vainqueurs. Les Français sont de nouveau convaincus, comme avant 1870, qu'à nombre égal, les troupes françaises sont, sous tous les rapports, supérieures aux troupes allemandes et qu'une nouvelle guerre, dans laquelle les deux peuples se retrouveraient seuls vis-à-vis l'un de l'autre, tournerait à la gloire de la France. La certitude de la victoire et la conviction de leur supériorité sont ainsi rentrées dans l'âme des Français, et la guerre de revanche contre l'Allemagne aurait déjà

---

(1) Voyez *Les récits de francs-tireurs* dans mon *Histoire littéraire de la guerre,* p. 135 et suiv.

éclaté, si la France s'était trouvée vis-à-vis d'une Allemagne isolée.

L'état des esprits en France, pendant la guerre, apparaît maintenant, comme la guerre elle-même, sous un jour nouveau. Les sentiments dont on n'aime pas à se souvenir, s'effacent, s'oublient, ou prennent une autre signification ; les souvenirs agréables, surtout quand ils sont défavorables à l'ennemi, sont cultivés avec soin et maintenus vivaces. L'enthousiasme incontestable, et si souvent reconnu par les Français, avec lequel la déclaration de guerre fut reçue dans toute la France, est absolument désavoué maintenant, au moins dans le camp des républicains convaincus. A Paris, il n'y avait que les bandes soudoyées par la police qui criaient : « A Berlin ! » Les préfets interrogés sur les dispositions de la population, avaient unanimement répondu : « Elle veut la paix ». Toute la presse indépendante applaudit aux protestations de Thiers, de J. Simon et de J. Favre; l'armée elle-même ne se sentait pas prête ; la population, si pleine d'enthousiasme pendant la guerre d'Italie, ne demandait que la tranquillité et le travail (1). On

(1) LOCKROY, *Ouvrage cité*, p. 47.

n'aime pas à se rappeler les nombreux désappointements auxquels on s'était soi-même exposé, et qu'on cherche maintenant à excuser ; on ne se souvient qu'avec répugnance des angoisses passées et de la bonne impression que l'armée allemande faisait en France. En revanche, la liste des excès supposés ou réels, commis par les Allemands, est soigneusement tenue et grossie à l'infini par de nouvelles inventions. A. Legrelle, dans un gros ouvrage, *La Prusse et la France devant l'histoire* (1), consacre plus de cent pages à une énumération toute pharisaïque des forfaits qu'il reproche aux Prussiens ou aux Allemands en général, auxquels il fait leur procès. Il va sans dire que dans cet ouvrage la vérité et la fiction sont continuellement mêlées et qu'on n'accorde jamais aux Allemands la moindre circonstance atténuante. Notre collection d'analyses de romans de guerre français montre de quelle manière ces romans ont enrichi la liste des atrocités allemandes (2).

(1) *La Prusse et la France devant l'histoire.* Essai sur les conséquences de la guerre de 1870. Nouvelle édition, Paris, 1880, p. 33-146.— (2) *Hist. litt. de la guerre,* etc.

Plus on s'éloigne de la guerre, plus les horreurs commises par les Allemands augmentent en nombre, et plus grande est l'indignation avec laquelle elles sont racontées. Ce n'est donc pas par un effet du hasard que M. Bloy (1), dans sa *Sueur de Sang*, de 1893, surpasse sous ce rapport tous ses devanciers dans les récits de la guerre. Voici entre autres quelques-uns des faits que Bloy avance : Douze Prussiens déshonorent une Française, après lui avoir lié les bras et les jambes, et après avoir attaché son petit garçon à une poutre et son mari à un tonneau de cidre (p. 19 et suiv.); d'autres forcent un prêtre de leur dire une messe de Noël et de leur donner l'absolution, avec menace de mettre le feu au village s'il n'obéit pas (p. 71 et suiv.); des Bavarois font violence à une vieille femme, dont le mari et les deux fils viennent d'être tués comme francs-tireurs; puis ils jettent leur victime à demi morte sur un fumier et brûlent dans sa maison la fille de cette malheureuse (p. 87 et suiv.); des Bavarois et des Mecklembourgeois jettent des mourants hors de leurs lits,

(1) *Sueur de Sang*, Paris, 1893, Dentu.

pour prendre leur place (p. 114) ; un colonel allemand force, sous peine de mort, des paysans français à égorger de leurs propres mains des compatriotes, et, dans le même village, une jeune fille folle, qui avait soigné des blessés français, est punie de mort par des Prussiens, qui l'avaient violée (p. 175 et suiv.) ; des mobiles et des francs-tireurs sont coupés en petits morceaux par des cuirassiers (p. 193) ; des sœurs de charité allemandes se livrent à des actes impudiques (p. 193) ; un moine allemand fume d'énormes cigares, raconte des histoires salées, et excite ses compatriotes à la dureté et à la cruauté (p. 194 et suiv) ; les Prussiens lâchent d'horribles chiens sur les Français, etc., etc. En même temps la riche collection d'injures que nous avons déjà mentionnée au chapitre III, reçoit de la plume de M. Bloy de notables additions. Les soldats allemands sont pour lui : « d'affreux bandits, des
« brûleurs de femmes, des éventreurs d'a-
« gonisants, des égorgeurs de vieillards,
« une canaille armée jusqu'aux dents, des
« êtres dégoûtants, qui dorment comme des
« cochons, avant d'être éveillés à coups de
« triques par les bourreaux galonnés qui les

« commandent, d'infâmes coquins, que la
« colère de Dieu a lâchés sur la terre, des
« gredins couverts de vermine, des bandes
« pouilleuses, des charognes germaniques,
« de la racaille, d'abominables gens crapu-
« leux, des gorets fétides, des soudrilles
« hispides, des sacripants qui courent le
« pays avec des pinceaux et des seaux
« remplis de pétrole, pour mettre le feu aux
« maisons et qui, pour enterrer leurs officiers,
« les cachent dans des auges à cochons,
« etc., etc. ».

La crainte des espions qui, pendant la guerre, avait déjà quelque chose de maladif, est devenue une vraie épidémie nationale après la guerre. Des nouvelles et romans en grand nombre rivalisent de zèle dans la description du vaste système d'espionnage prussien, tel qu'on le suppose. Ce système est exposé par le menu et à grand renfort d'imagination ; les auteurs expriment à l'envi leur indignation contre ceux qui employaient des espions, et contre les misérables qui faisaient ce métier. A l'ordinaire, les espions allemands ont tous les vices et ne deviennent un peu moins méprisables que quand ils se mettent à servir la France

et à trahir leur propre pays. Le nombre des espions allemands va toujours croissant dans la littérature de la guerre : on finit par soupçonner d'espionnage tout Allemand qui vient en France pour autre chose que pour dépenser son argent. Pour rendre la vie difficile au commerçant allemand, la jalousie et la crainte de la concurrence étrangère mettent à profit cette disposition des esprits qui voit des espions partout. Nous mentionnons comme caractéristiques les ouvrages suivants : *l'Espionnage à Paris*, par L. Nicot (1), et *l'Espionnage allemand en France*, par Fr. Loyal (2). L'intention de Nicot est « de montrer la
« constante invasion de Paris par les Alle-
« mands, de dénoncer les agissements de
« nos ennemis, tant au point de vue de l'es-
« pionnage qu'au point de vue du commerce
« et de l'industrie, enfin, de mettre mes
« compatriotes en garde contre un danger
« sans cesse grandissant ». Car l'immigration actuelle d'Allemands en France n'est, à son avis, qu'une préparation à l'invasion

---

(1) *L'Allemagne à Paris.* 2ᵉ édit. Paris, 1887, Dentu. — (2) Fr. Loyal, *l'Espionnage allemand en France.* 3ᵉ édit. Paris, 1887, Savine.

générale que l'Allemagne réserve pour plus tard. Loyal veut résumer ce que d'autres ont écrit avant lui sur l'espionnage allemand en France, et compléter ainsi le livre de Nicot. Sans s'en apercevoir ces deux auteurs se livrent eux-mêmes à cet espionnage tant détesté, et cela sans aucun talent, car leurs observations ne brillent ni par la connaissance du sujet, ni par la sagacité, ni par l'exposition. Il est impossible à un Allemand de prendre ces deux livres au sérieux, et il sera toujours porté à chercher derrière les auteurs deux vieilles commères, qui croient tout ce qu'on leur dit et chez lesquelles la crainte grossit à l'infini les choses vues ou entendues. Mais nos auteurs réussissent à rendre suspects tous les Allemands qui vivent en France, car la grande masse des lecteurs français est peu portée à un examen impartial des faits qu'on lui donne comme vrais. Nicot présente à ses lecteurs, sous le jour le plus défavorable, l'ambassade allemande, les correspondants de journaux allemands, les domestiques, les ouvriers, les musiciens ambulants, les garçons de café, les marchands et même les mendiants et les filles de joie de provenance allemande ; il fait remarquer combien tous ces gens-là sont gênants par la concurrence qu'ils font aux Français et combien ils sont dangereux au point de vue de la sécurité publique. Loyal est l'inventeur d'une classification des espions allemands, qui, selon lui, appartiennent aux espèces suivantes : 1° Espions supérieurs ou espions en chef, placés sous les ordres du ministre prussien des affaires étrangères, ou de l'état-major prussien, ou encore de la haute police de Berlin ; ils se recrutent parmi les officiers supérieurs, les hauts fonctionnaires civils, les savants, les artistes, les dames du grand monde et même du demi-monde ; 2° Espions territoriaux, qui résident en permanence dans un endroit et possèdent une division volante. Leurs centres se trouvent dans les consulats allemands, qui les instruisent et envoient leurs rapports en Allemagne ; 3° Les espions chargés par l'ambassade allemande de missions particulières ; ces espions sont pourvus de passeports anglais, américains, belges ou hollandais, et envoient directement à Berlin des dépêches chiffrées. Enfin Loyal est d'accord avec Lepelletier qui, dans le *Mot d'Ordre*, prétendait qu'il faut considérer comme espions toutes les personnes de nationalité allemande qui exercent les professions suivantes : domestiques, courtiers, employés de bureaux, loueurs de chambres, sommeliers, brasseurs, filles publiques, filous de tripots, balayeurs de rues, colporteurs, portefaix, ouvriers de campagne et terrassiers. L'auteur s'efforce de prouver la vérité de ce qu'il avance en parsemant son livre d'anecdotes plus ou moins croyables. Loyal et d'autres assurent qu'en Allemagne le métier d'espion est en haute estime et que chaque Allemand naît espion. Quelques prévenances mal placées d'officiers et de fonctionnaires allemands pour des espions français ont pu donner à la première de ces suppositions une certaine apparence de vérité ; quant à la seconde, elle s'explique par le fait qu'un Allemand instruit aime à être renseigné exactement sur ce qui l'intéresse en pays étranger, tandis qu'un Français, au même degré d'instruction, restera plus ou moins indifférent. Le Français trouve donc suspecte cette curiosité qu'on a de connaître les affaires de son pays, et, comme il ne comprend pas qu'elles puissent intéresser à ce point des étrangers, il flaire des espions. Des ouvrages dans le genre de ceux que nous venons de parler et la campagne menée longtemps en France par les journaux contre les Allemands, dans le même but, ont eu pour conséquence une loi spéciale sur l'espionnage. On pourrait faire une liste bien longue des noms de tous les Allemands qui ont été faussement soupçonnés d'espionnage et arrêtés. Pourtant l'indignation des Français contre l'espionnage qu'ils reprochent aux Allemands ne les a pas empêchés de se mettre avec grand zèle à espionner les affaires militaires des Allemands. Des écrivains français, par exemple le lieutenant Fromont (1), se sont même donné la peine de rendre populaire parmi les Français le métier d'espion et de le leur recommander, dans l'intérêt de leur pays. Pour notre satisfaction, cet auteur nous apprend aussi que, pendant la campagne de 1870-71, les Français ont eu des espions, mais que ces espions n'étaient pas assez nombreux et peu habiles.

De toutes les idées que la guerre a fait

---

(1) Dans son livre : *L'Espionnage militaire. Les fonds secrets de la guerre et le service des renseignements.* Paris. Du Parc.

naître, c'est naturellement celle de la revanche qui s'est maintenue avec le plus de ténacité. On travaille continuellement et par tous les moyens à maintenir vivace cette pensée, quoiqu'elle ne s'exprime pas toujours avec la même ardeur et qu'une notable partie des Français, les paysans et les ouvriers, par exemple, soient d'humeur aussi pacifique que la population allemande. On accoutume déjà les tout petits enfants à l'idée de la revanche et l'on possède, pour atteindre ce but, des histoires en prose et en vers, comme celle du polichinelle allemand, qu'un garçon français met en pièces parce que ce jouet est de fabrication allemande (1). Ou bien on se sert de poésies enfantines illustrées, comme celle du féroce uhlan de Déroulède (2), qui se fait enterrer lui-même, parce qu'il n'est pas parvenu à extirper de l'Alsace le drapeau tricolore. Pour les enfants un peu plus âgés, il existe une riche littérature qui, en leur montrant

---

(1) *Le Polichinelle*, dans les Contes patriotiques de J. MONTET. Paris, 1885. Marpon et Flammarion, p. 13. Comparez aussi les autres récits de ce livre. — (2) *Monsieur le Hulan et les trois couleurs*. Illustrations de Kauffmann. Paris, Lahure.

le but à atteindre, fait vibrer tous les sentiments de la jeunesse. On se sert de l'enseignement de la géographie et de l'histoire pour représenter la réunion de l'Alsace-Lorraine à l'Allemagne comme une iniquité (1), et, dans l'enseignement de la langue maternelle, on donne plus souvent qu'il ne faut la parole aux poètes de la revanche : Banville, Manuel et Déroulède qui, à l'exemple de Victor Hugo, ont su exciter contre les Allemands tous les sentiments du cœur humain (2). Dans les classes supérieures des écoles de garçons et de filles, on donne en prix des romans comme celui d'E. Muller : *Souvenirs d'un jeune franc-tireur* (3), dans lequel on montre comment il faut s'y prendre pour assassiner sans danger les soldats allemands ; ou bien les prix se composent de recueils de nouvelles patriotiques qui parlent de lamentables histoires alsaciennes, d'actions héroïques

---

(1) Comp. *Journal de Francfort*, du 10 décembre 1893, l'article : *Dans l'école primaire française*, et dans les *Grenzboten*, 1893, p. 385 : *L'éducation pour la revanche.*— (2) Schlüter. *Ouvrage cité.* —(3) *Souvenirs d'un jeune franc-tireur*, 5ᵉ éd., Paris, 1892. Delagrave. Comparez aussi mon *Histoire littéraire*, p. 142.

exécutées par des Français et des Françaises, ou bien encore d'atrocités commises par les Allemands (1). Le jeune homme sorti de l'école ne manque pas non plus de lectures qui l'excitent contre l'ennemi détesté. De nombreux romans et nouvelles, ayant trait à la guerre, appropriés à tous les goûts et à toutes les intelligences, et une quantité de descriptions de l'Allemagne dans le genre de Tissot, continuent l'œuvre commencée à l'école. Ceux qui ne lisent pas des livres, trouvent au moins de temps en temps dans leurs journaux, de quelque couleur politique qu'ils soient (à l'exception peut-être des feuilles anarchistes), des passages moqueurs sur l'Allemagne et des récits contenant d'anciennes ou de nouvelles fables destinées à tenir en éveil les souvenirs de la guerre. Dans les cafés-chantants français, les temples de la muse populaire, on trouva pendant quelque temps, au tout premier rang, la chanson patriotique, mélancolique ou guerrière, et, lorsque cette mode fut passée, il resta néanmoins, dans les troupes ambulantes,

(1) Par ex. *Historiettes pour Pierre et Paul,* par HARRY. Paris et Lille, 1872.

des chanteurs ou des chanteuses qui avaient pour spécialité de rappeler aux auditeurs le souvenir de l'envahisseur abhorré. Les théâtres se chargent aussi de représenter l'idée de la revanche; ils le font quelquefois à l'aide de sujets empruntés à l'antiquité, ou sous le manteau de l'allégorie, ou bien encore c'est l'éternelle crainte de l'espionnage qui revêt la forme dramatique (1). Grâce à son public cultivé et cosmopolite, Paris s'est débarrassé de ces pièces de peu de valeur, mais, en province, les drames de la revanche fleurissent encore dans des pièces qui ont difficilement toutes vu Paris (2). Comme la littérature et le théâtre, les arts descriptifs se sont emparés aussi de l'idée de la revanche. Les monuments consacrés à la guerre cherchent à immortaliser, dans le marbre et le bronze, la pensée de la vengeance; ce sont des groupes émouvants, des Alsaces en pleurs, des Gaules menaçantes, des guerriers qui combattent ou qui succom-

(1) Comp. W. NORDAU. Paris. *Le vrai pays des milliards*. Études et tableaux. Leipzig, 1881, p. 261-336. — (2) Comp. entre autres la pantomime exécutée à Marseille, dans l'ouvrage de P. CASPAR: *Arrêté comme espion en France*. Leipzig, Reclam, p. 59 et suiv.

bent. Les peintres de la guerre savent disposer si habilement les tableaux représentant les victoires des Allemands, que le beau rôle appartient toujours aux vaincus (1). Il existe aussi une foule de caricatures de personnages marquants de la guerre et de la paix, et quantité d'images et gravures de toute espèce, destinées à entretenir la haine de l'Allemand; la production de cette industrie va plutôt croissant (2). Dans les fêtes patriotiques, comme celle de Jeanne d'Arc, par exemple, et lors des effusions entre Français et Russes, tous les arts se sont réunis pour donner le plus de relief possible à la pensée qui dominait ces démonstrations.

Il est donc impossible qu'un Français, fût-il sourd et aveugle, ne soit pas influencé sous une forme quelconque, par l'idée de la revanche. Cette idée se présente sous tant d'aspects différents, et avec une telle persé-

---

(1) Comp. la description de quelques tableaux de la revanche, dans ZOLLING, *Ouvrage cité*, II, p. 205 et suiv.— (2) Voyez GRAND-CARTERET : *Bismarck en caricatures*. Paris, 1890, Perrin ; du même auteur : *Les caricatures sur l'alliance franco-russe*. Paris, 1893, Quantin. Voyez aussi l'édition illustrée de Tissot : *Voyage au pays des milliards;* les ouvrages mentionnés de Muller et d'autres.

vérance qu'elle devient à la fin contagieuse, même pour les personnes les plus réfléchies et les plus clairvoyantes, et obscurcit leur jugement. La plupart des Français ne peuvent résister à l'influence de cette obsession continuelle et considèrent comme absolument fondé sur la vérité tout ce qui est de nature à entretenir leur haine de l'Allemand. C'est pour agir en premier lieu sur cette majorité que les littérateurs et les artistes ont prêté leur concours ; le but est, dans tous les cas, de rendre populaire la prochaine guerre et de familiariser les esprits avec cette idée.

La guerre de revanche est aussi préparée d'une manière pratique par les classes dirigeantes qui, tout en reconnaissant les mensonges et les excès de la littérature de la revanche, les tolèrent ou même les favorisent. Dans ces centres, on se règle sur la maxime bien connue : « Toujours penser à l'Alsace-Lor-« raine, mais ne jamais en parler ». Les présidents et les ministres ont souvent changé en France depuis 1871, mais le gouvernement français n'a jamais eu qu'un but, celui de préparer la revanche. On donne bien comme prétexte que l'on veut se mettre en garde contre une surprise de la part de l'Allemagne, et il y a un certain nombre de Français instruits qui sont persuadés de la valeur de cet argument; mais en réalité, on veut être préparé pour pouvoir commencer la guerre à la première occasion favorable. Les efforts des généraux tendent sans cesse à maintenir l'armée française à la hauteur de l'allemande, ou plutôt à la surpasser. Chaque réforme opérée dans l'armée allemande est surveillée d'un œil vigilant, soigneusement examinée et immédiatement introduite, si elle a l'approbation des hommes compétents. Et les perfectionnements militaires se font d'autant plus facilement que le parlement français ne refuse jamais, quelque grands qu'ils soient, les crédits qu'on lui demande pour l'armée. La diplomatie française cherche à faire opposition à l'Allemagne et se trouve puissamment secondée dans ses efforts par la population et surtout par la presse. Cette diplomatie tend à rompre ou à affaiblir la Triple-Alliance et, s'il n'est pas possible de séparer l'Autriche de l'Allemagne, on cherche du moins à détacher l'Italie par des offres ou des menaces, ou encore en la combattant sur le terrain financier; d'autre part on cherche à exciter les pays slaves de l'Autriche. La France n'a pas eu de repos qu'elle n'eût trouvé, par une alliance avec la Russie, un contre-poids à la Triple-Alliance, quoique son enthousiasme pour son nouvel et quelque peu incommode allié, ne soit pas exagéré. En même temps le gouvernement français cherche, et non sans succès, à relever l'ancien « prestige » par une politique coloniale énergique et bien entendue. A l'intérieur il cherche, passagèrement du moins, à affermir la jeune république par les avances qu'il fait aux éléments catholiques et aux partisans de la décentralisation, par la guerre qu'il fait au parti monarchique affaibli et aux éléments révolutionnaires. Les ministres s'efforcent d'augmenter la prospérité du pays en favorisant également l'agriculture, l'industrie et le commerce, et en les protégeant contre la concurrence allemande. Le gouvernement trouve à cet égard, dans les cercles intéressés, une coopération extrêmement active. Qu'on se souvienne seulement de la guerre faite par les Français à la bière allemande, guerre qui a trouvé dans le livre de R. Charlie, *le Poison allemand* (1), son expression la plus élo-

(1) *Le poison allemand*, Paris, 1887. Savine.

quente ; qu'on se rappelle l'habitude des négociants français de désigner sous le nom d' « allemandes » leurs plus mauvaises marchandises, en quoi ils trouvent d'excellents auxiliaires dans les marchands allemands, qui vendent leurs bonnes marchandises sous des noms étrangers. La science française cherche sans cesse à surpasser la science allemande, et pour cela elle ne dédaigne pas toujours les moyens mesquins, comme, par exemple, de négliger d'indiquer les sources allemandes ou de critiquer injustement les livres allemands. Les arts français qui, à l'exception de la musique, se complaisent dans le sentiment de leur supériorité supposée ou réelle, font tous leurs efforts pour laisser derrière eux leurs concurrents allemands. L'instruction publique a fait, depuis 1871, des progrès étonnants, en s'inspirant de l'enseignement allemand. Par l'encouragement de la gymnastique, du tir et des différentes espèces de sports, on cherche aussi à augmenter la force physique des Français ; on songe même aux moyens propres à favoriser l'accroissement de la population. Dans tous les domaines on examine soigneusement ce que fait l'Allemagne, pour ne lui laisser aucune avance. Cette tendance a aussi amené les Français à s'occuper davantage de la langue allemande, étude qu'ils avaient fort négligée. La concurrence qui s'est ainsi établie dans tous les domaines a ceci de réjouissant, c'est qu'en France on doit s'occuper sans cesse de nous. Comme cela, on apprend mieux à nous connaître et à nous estimer, et souvent l'étude de notre caractère national, étude commencée dans une intention hostile, tourne à notre avantage. Plus d'un Français, de retour d'un voyage en Allemagne, en rapporte le juste sentiment que les Allemands et les Français, qui sont faits les uns pour les autres, ont été destinés, par la nature et par la situation politique de leurs pays, à devenir amis. Mais il serait insensé de vouloir se reposer sur cette idée et d'en conclure que la pensée de la revanche disparaîtra peu à peu. — Une chose est incontestable, c'est que la France d'aujourd'hui ressent plus que jamais l'influence bienfaisante de l'Allemagne, qui a exercé, pendant tout le XIXe siècle, une action profonde sur la culture intellectuelle des Français. Ce que l'Italie et l'Espagne ont été pour la France, au XVIe siècle, ce que l'Angleterre a été pour elle au XVIIIe, l'Allemagne l'a été dans notre siècle. Les générations futures de la France, rendues plus clairvoyantes, ne méconnaîtront pas ce fait et ne regretteront pas même les défaites de la dernière guerre. Mais, si les Allemands ne veulent pas que cette guerre-là ait pour conséquence l'embrasement européen déjà tant de fois annoncé et décrit dans tous ses détails, ils n'ont qu'un seul moyen infaillible de l'empêcher : il faut que l'Allemagne reste si forte et si unie que les plus ardents des chauvins français eux-mêmes trouvent par trop périlleux les risques d'une nouvelle guerre.

TABLE DES MATIÈRES

	Pages.
Préface du Traducteur..................	v
I. Avant la Guerre....................	1
II. Enthousiasme pour la Guerre........	22
III. Premières désillusions et accès de fureur. La crainte des Prussiens..	30
IV. L'armée allemande................	49
V. De quelle manière les Français exprimaient leur fureur, et comment ils se vengeaient....................	85
VI. Les Francs-tireurs.................	108
VII. La chasse aux espions. Cris de trahison...........................	125
VIII. Espérances de victoire. Fausses nouvelles de succès...................	143
IX. Disposition des esprits en France vers la fin de la guerre. Menaces de revanche.........................	180
X. Après la Guerre...................	201

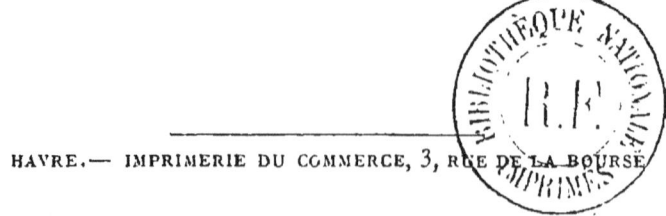

HAVRE.— IMPRIMERIE DU COMMERCE, 3, RUE DE LA BOURSE

possédons 1 exemplaire au prix de 200 fr. les 4 vol.; nous pouvons en fournir les tomes 1, 3 et 4 ensemble pour 100 fr. Le tome 4e seul pour 35 fr. Sous presse, les tomes 5 et 6. Prix de chacun de ces 2 volumes pour les souscripteurs........ 30 fr.

LACURNE Dict. hist. de l'ancien langage françois. 10 vol. in-4. 1878-83. (200 fr.), net 100 fr.

LECTURE HISTORIQUE (La). Choix de la *Revue des questions historiques*. 10 vol. divers, chacun ayant 640 pages gr. in-8. (100 fr.) 20 fr.

LENORMANT (Fr.). La monnaie dans l'antiquité. Leçons professées dans la chaire d'archéologie près la Bibliothèque Nationale. Nouvelle édition. 3 vol. in-8. 1897........ 20 fr.

LESAINT. La prononciation française au XIXe siècle. 3e éd. in-8. 1890... 10 fr.

LIVET (C.). Dict. de la langue de Molière comp. av. celle de ses contemporains. 3 vol. in-8. 1897.... 45 fr.

— Précieux et précieuses. 3e édit. 1895..... 7 fr. 50.

MAS-LATRIE. Trésor de Chronologie. In-fo. 1889. (100 fr.)..... net 50 fr.

MEYER-LÜBKE. Grammaire des langues romanes. I : Phonétique. 1890. 20 fr.

— II : Mophologie 1895. 25 fr.

— III : Syntaxe, paraîtra prochainement.

MOLIÉRISTE (Le). Recueil publié par G. Monval, archiviste bibliothécaire de la Comédie française. Collection complète. 10 v. in-8 sur papier de Hollande, avec planches hors texte, 1880-1889. (150 fr.) 70 fr.

Tous les volumes, à l'exception du 1er, sont vendus séparément au lieu de 15 fr. pour 7 fr.

MOUTON (E). L'art d'écrire un livre, de l'imprimer et de le publier. In-16, 1896. 6 fr.

— Sur papier de Hollande 15 fr.

— Sur papier du Japon. 30 fr.

ODIN (A.). La genèse des grands hommes. Gens de lettres modernes. 2 vol. in-8, av. 33 tableaux et 24 planches en coul. 1896. 15 fr.

PASCAL. Les pensées. Précédées de la vie de Pascal, par Mme Persier, sa sœur. 464 pp. in-8. 1878. (3 fr.)............. 2 fr.

PERRET (P. M.). Histoire des relations de la France avec Venise du XIIIe siècle à l'avènement de Charles VIII. 2 vol. in-8. 1896 25 fr.

PÉTRARQUE. Sonnets, trad. av. intr. p. Philibert-le-Duc. 2 vol. 1877. (16 fr.), net 5 fr.

— Le même, sur papier Whatman, (50 fr.) net 8 fr.

POÈTES (Petits) DU XVIIIe SIÈCLE, publiés avec notices bibliographiques et préfaces par Uzanne, Drujon, Derôme, Lecocq, Bonhomme, Asse, Jullien Ferret, Tourneux et Martin-Dairvault. 12 vol in-8

sur papier vergé, avec portraits, fac-similes, eaux-fortes et illustr. grav. sur bois. (120 fr.), 35 fr.
<blockquote>Vadé, Piron, Bertin, Desforges-Maillard, Lattaignant, Gilbert, Bernis, Gresset, Gentil-Bernard, Malfilâtre, Bonnard et Boufflers.</blockquote>

RANGABÉ (A R.). Histoire littéraire de la Grèce moderne. 2 v. 1877. (7 fr.), net 3 fr. 50.

RECUEIL DES HISTORIENS DES GAULES. 23 vol. in-fol. 1869-94. (1150 fr.), net 575 fr.

ROMANS CÉLÈBRES. Petite Bibliothèque de luxe. 10 vol. in 8 sur papier vergé chamois, encadrements rouges à chaque page. (100 fr.) .... 40 fr.
<blockquote>La princesse de Clèves. — Paul et Virginie. — Adolphe, par B. Constant. — Le Diable amoureux. — Valérie. — Manon Lescaut. — Le Roman bourgeois. — Atala, René, le dernier Abencérage. — Le Neveu de Rameau. — Le comte de Comminge. — Le siège de Calais.</blockquote>

SCHIRMACHER (Dr Kæthe). Théophile de Viau. Sein Leben und seine Werke. In-8. 1897. ...... 10 fr.
— Aus aller Herren Lænder. Gesammelte Studien und Aufsætze. In-8. 1897. 5 fr.
— Litterarische Studien und Kritiken. In-8. 1897. 2 fr. 50
— Sociales Leben. Zur Frauenfrage. in-8, 1897. 2 fr. 50

SIERRA (Mme). Contes exotiques in-12. 1897. 3 fr. 50.

STAËL-HOLSTEIN (M). Œuvres complètes. (30 fr.)....... net 12 f

STIER (G.). Ecole de conversation allemande. Deutsch-franzœsische Konversationsschule. In-8. 1897. Broché 3 fr. —
— Relié.......... 3 fr. 75

THÉATRE FRANÇAIS au moyen-âge, p.p. Monmerqué et F. Michel. 1885. (10 fr.). net 4 fr. 50

THIEME (H. P.). La littérature française du XIXe siècle. Bibliographie des principaux prosateurs, poètes, auteurs dramatiques et critiques, avec indication du lieu et de l'année de la naissance et, s'il y a lieu, de la mort des auteurs, du format, de l'éditeur et de la date de la 1re édition, indications biographiques et références critiques Gr. in-8 1897. Broché. . 2 fr. 50 Relié.......... 3 fr. 50

VOIGT (Georges). Pétrarque et Boccace ou les débuts de l'humanisme en Italie, trad. par Le Monnier. 1894............. 10 fr.

WILLEMIN. Monuments français inédits pour servir à l'histoire des arts et des costumes depuis le VIe siècle jusqu'au commencement du XVIIe. Texte par A. Pottier. 2 vol. in-folio, avec 300 planches. Paris. 1806 à 1835. (Nouveau tirage 1897). (600 fr.) 90 fr.

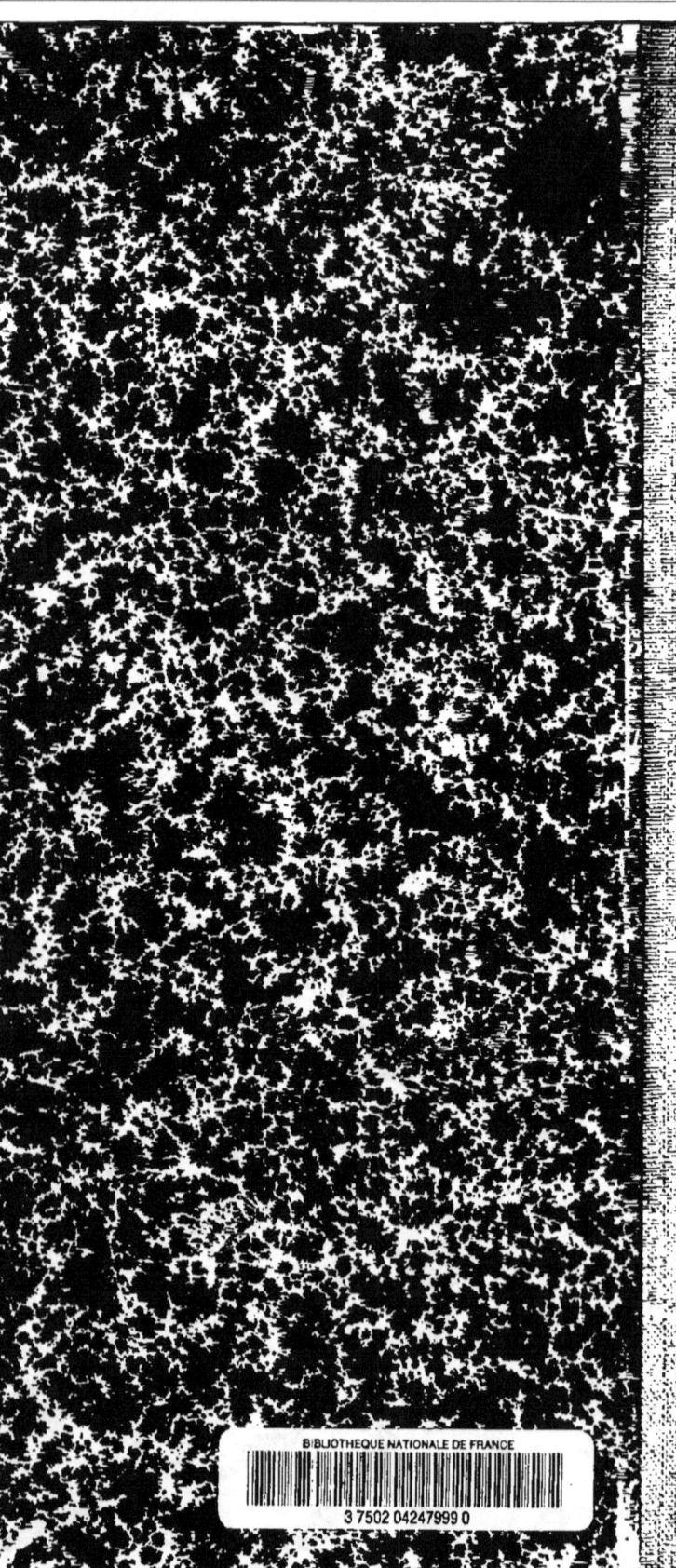

www.ingramcontent.com/pod-product-compliance
Lightning Source LLC
Chambersburg PA
CBHW070635170426
43200CB00010B/2030